TINY CABINS & TREEHOUSES FOR SHELTER LOVERS
© 2018 Instituto Monsa de ediciones.

First edition in 2018 by Monsa Publications, an imprint of Monsa Publications
Gravina 43 (08930) Sant Adrià de Besós. Barcelona (Spain) T +34 93 381 00 50
www.monsa.com monsa@monsa.com

Edition, concept and project director Anna Minguet. Art director Eva Minguet.
Layout and project's selection Patricia Martínez. (Monsa Publications)
Printed by Impuls 45. Translation by SOMOS Traductores.

Cover image © Matthew Carbone
Back cover images © Morriarti Photography, Cristóbal Caro, André Dogbey

ISBN: 978-84-16500-94-9
D.L. B 22554-2018

Order from:
www.monsashop.com

Follow us!
Instagram: @monsapublications
Facebook: @monsashop

Tiny Cabins /\\ Treehouses
FOR SHELTER LOVERS

monsa

INDEX

© André Dogbey

INTRODUCTION

The idea of an environmentally respectful house is appealing to more and more people. In the last decade, architects from all over the world have been especially interested in the possibilities of an innovative home in a natural environment, with ecological solutions and a low impact on the environment.

The book "Tiny cabins and Treehouses" shows a new concept of housing and some of the most original and avant-garde pieces of contemporary architecture.

There is a great variety of this style of architecture both in terms of its use and in geographic location. From a studio-cabin for artists on Fogo Island (Canada) by the Saunders Architecture studio, to an ecological cabin in Mazama, Washington by architect Olson Kundig, as well as the extraordinary treehouses in the German studio baumraum.

This book serves as inspiration and progress for the world of architecture and the new generation.

La idea de una vivienda respetuosa con el medio ambiente cada vez seduce a más gente. En la última década, los arquitectos de todo el mundo se han interesado especialmente por las posibilidades de una vivienda original, en un entorno natural, con soluciones ecológicas y con bajo impacto medioambiental.

Con este nuevo concepto de vivienda que opta por las "Cabañas y las Casas en los árboles", este libro muestra algunas de las prácticas más innovadoras y vanguardistas de la arquitectura contemporánea.

En este tipo de arquitectura encontraremos una gran variedad, tanto en términos de uso como geográficos. Desde una cabaña-estudio para artistas en la isla Fogo (Canadá) del estudio Saunders Architecture, hasta una cabaña ecológica en la región de Mazama en Washington, de los arquitectos Olson Kundig, así como también las extraordinarias casas en los árboles del estudio alemán baumraum.

Pura inspiración y avance para el mundo de la arquitectura y las nuevas generaciones.

INHABIT WOODSTOCK

Antony Gibbon Designs
www.antonygibbondesigns.com

Overall size of Internal space: 70 m²
Location: Woodstock, New York, USA
Photos © Morriarti Photography (www.morriarti.com)

Located just outside the town of Woodstock, less than two hours drive from New York City, the Inhabit treehouse looks out over the magnificent Catskills mountain range, quietly nestled within the dense woodland forest.

The space consists of an open plan lounge, wood burner and Kitchen with a spacious loft bedroom above. In the rear of the building is a separate shower room and bathroom with second bedroom at the rear which could easily become an office studio space. The structure has two balconies, either side of the kitchen/lounge area with a large terrace underneath that leads down to the Lake and hot tub.

La casa en el árbol Inhabit se encuentra nada más salir de Woodstock, a menos de dos horas en coche de la ciudad de Nueva York, y está orientada hacia las montañas de Catskills, que se asientan tranquilamente en un bosque de densa vegetación.

El espacio se compone de una sala de estar de planta abierta, una estufa de leña y una cocina; justo encima encontramos un dormitorio-estudio espacioso. La parte trasera de la casa alberga un espacio para la ducha independiente y, justo detrás, un segundo dormitorio que puede convertirse fácilmente en un estudio de trabajo. La estructura cuenta, además, con dos balcones, uno a cada lado de la zona de còcina y de descanso, y que se unen para formar una gran terraza superior que conduce hasta el lago y el jacuzzi.

12

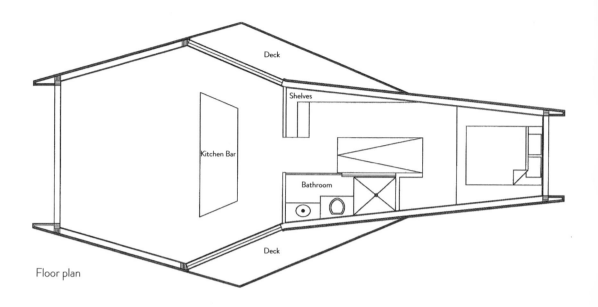

Floor plan

DELTA SHELTER

Olson Kundig
www.olsonkundig.com

Project size: 92.9 m²
Location: Mazama, Washington, USA
Photos © Tim Bies / Olson Kundig & Benjamin
Benschneider

Design Principal: Tom Kundig, FAIA, RIBA
Project Manager: Ellen Cecil
Interior Design: Debbie Kennedy, LEEP AP ID+C

Delta Shelter is essentially a steel-clad box on stilts that can be completely shuttered when the owner is away. The 200-square-foot footprint of the house rises above a 40-acre, 100-year flood plain adjacent to the Methow River. The verticality, coloring and raw nature of the materials used for construction directly respond to the wildness of the setting. The owner sought a compact, easy to maintain, virtually indestructible building to house himself and his friends for fun and adventure in the mountains. With an exterior of steel, the house is virtually indestructible.
The cabin is composed of three levels: the lowest level is half carport, half utility/storage room; the middle level consists of the entry, two small bedrooms and bathrooms; and the top level is one large space which includes living, dining and cooking areas. Cantilevered steel decks extend from the top and middle levels and provide space for outdoor sleeping and entertaining.

Delta Shelter es, en esencia, una caja eregida sobre soportes y revestida de acero que el propietario puede cerrar por completo al ausentarse. La huella de 18,6 m² de la casa se eleva por encima de una llanura inundable de 162 hectáreas que data de hace 100 años y que es colindante con el río Methow. La verticalidad, los colores y la naturaleza bruta de los materiales utilizados se corresponden a la perfección con el carácter rústico del entorno. El propietario quería una edificación compacta, fácil de mantener y prácticamente indestructible, para alojarse y disfrutar del tiempo libre con los amigos en la montaña. La casa es prácticamente inalterable gracias a su exterior de acero inoxidable.
La cabaña se compone de tres niveles: el más bajo tiene una parte de aparcamiento techado y otra a modo de lavadero y despensa; el intermedio está formado por la entrada y dos dormitorios pequeños con sus correspondientes baños; la planta superior consiste en un gran espacio con sala de estar, comedor y cocina. Los niveles superior e intermedio cuentan con unas terrazas de acero con voladizos, que sirven de espacio para dormir y pasar un buen rato al aire libre.

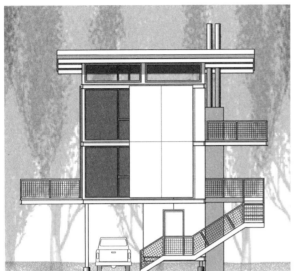

North elevation

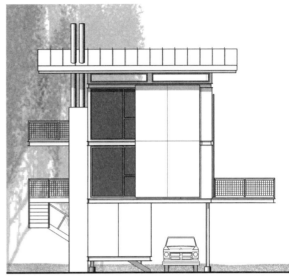

South elevation

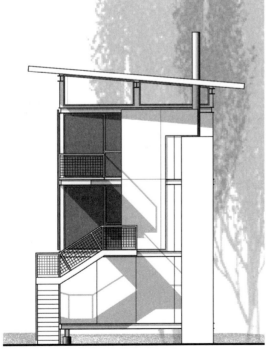

West elevation

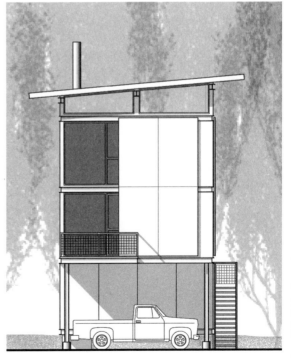

East elevation

The cabin is supported by four steel columns. Floors are 3-inch by 6-inch tongue-and-groove wood car-decking, and exterior wood infill walls are clad in 16-gauge, hot-rolled steel sheets with exposed steel fasteners. Most of the structure, including the steel structure, roof panels, shutters, and stairs, was prefabricated off-site, thereby reducing on-site waste and site disruption. Due to prefabrication and the use of plywood for all interior surfaces, typical construction wastage was kept to a minimum.

La cabaña se apoya en cuatro columnas de acero. Los suelos son de tarima de madera machihembrada de 7,6 x 15,2 cm, y los muros exteriores de relleno en madera están revestidos con hojas de acero laminado en caliente de calibre 16, con sujeciones de acero expuestas. La mayor parte de la edificación, que incluye la estructura de acero, los paneles del tejado, las contraventanas y las escaleras, se prefabricó antes de transportarse al lugar, reduciendo así los residuos *in situ* y la alteración en el entorno. Gracias a dicho proceso de prefabricación y al uso de placas de contrachapado en todas las superficies interiores, los desperdicios típicos de construcción se redujeron al mínimo.

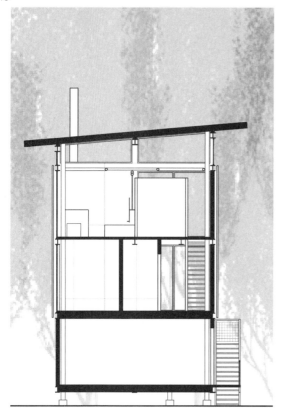

East section

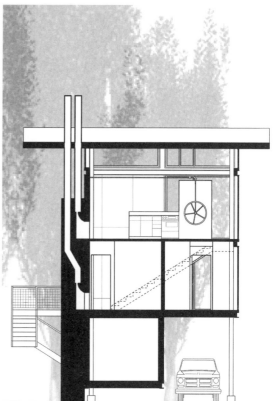

South section

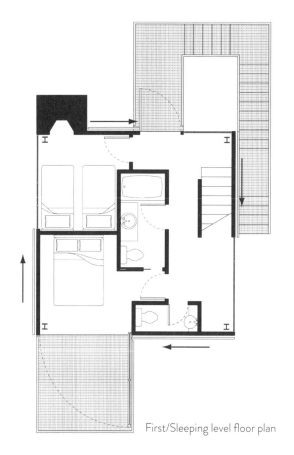

First/Sleeping level floor plan

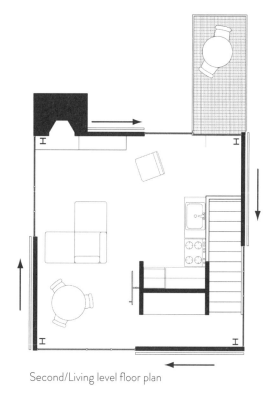

Second/Living level floor plan

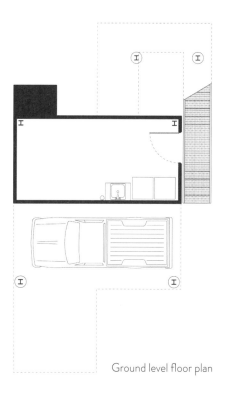

Ground level floor plan

TREEHOUSE "COPPER CUBE"

Andreas Wenning / baumraum
www.baumraum.de

Location: Werder near Berlin, Germany
Photos © Markus Bollen
Trees: one oak
Roof: rubber roofing felt

Façade construction: From inside to outside: 20 mm oak boarding, tinted and waxed; 20 mm plywood, 100 mm insulation; 20 mm air space; 20 mm plywood, copper with clear lacquer
Bearing structure: hanging structure on steel cables which are connected to the trees with fabric belts. The cabin is supported by four steel stilts
Height terrace: 4.50 m - Height Treehouse: 5.50 m
Height upper terrace and treehouse: 12 m
Interior area: 17 m² - Terrace area: 18.4 m²

The Copper Cube is located closed to the living-house in Werder near Berlin and has a view on lake Zernsee. There are two different levels: the terrace on 4,5 m and the squared treehouse cabin on 5,5 m height. The treehouse with a bathroom inside is carried by 4 steel-stilts, the terrace is fastened to the tree - an oak - by steel ropes and textile belts. The façade is covered by copper-sheets. The treehouse has windows to all direction and two dormer-windows to look into the treetops and the sky. The treehouse is used as external guest-room and offers inside a bed and a comfortable bench, a desk, a wardrobe, a minibar, electricity and a heater. Inside the cabin there is a small bathroom with shower, toilet, sink and cabinets with white surface. The pipes for fresh- and waste-water and the electricity are hidden in one of the steel stilts.

La Copper Cube se encuentra muy próxima a la vivienda principal en Werder, cerca de Berlín, y está orientada con vistas al lago Zernsee. Esta edificación cuenta con dos niveles diferenciados: la terraza de 4,5 m y la propia cabaña de forma cuadrada construida entre los árboles, de 5,5 m de altura. El interior de esta casa en el árbol cuenta con un baño y se eleva sobre 4 soportes de acero. La terraza va fijada al árbol (un roble) con cables de acero y correas textiles. La fachada está revestida con láminas de cobre. Esta casa en los arboles cuenta con ventanas orientadas en todas direcciones y dos ventanas abuhardilladas que permiten admirar las copas de los árboles y el cielo. La casa se utiliza como vivienda de invitados, y alberga una cama, así como con un cómodo banco, un escritorio, un armario, un minibar, instalación eléctrica y una estufa. Dentro de la cabaña hay un pequeño baño con ducha, inodoro, lavabo y armarios con revestimiento blanco. Las tuberías de agua dulce y residual y el sistema eléctrico están ocultos en uno de los soportes de acero.

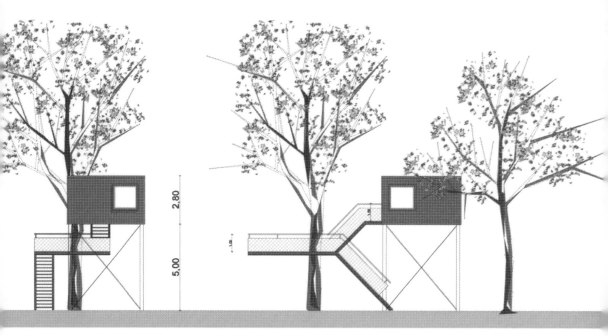

2,80

5,00

Elevations

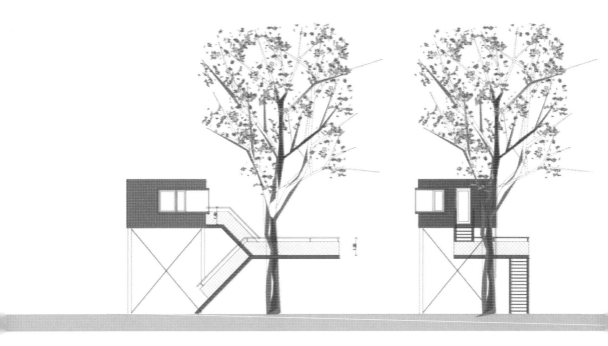

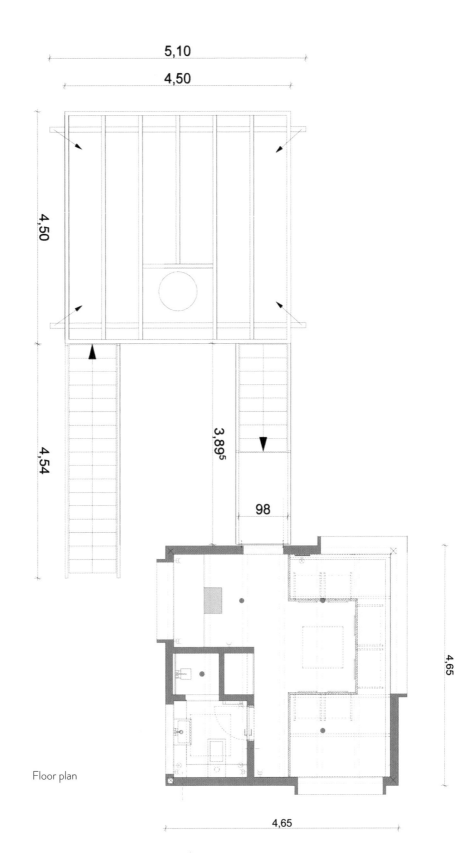

5,10

4,50

4,50

4,54

3,89⁵

98

4,65

4,65

Floor plan

ARCHIPELAGO HOUSE

Tham & Videgård Arkitekter - Bolle Tham and Martin Videgård
www.tvark.se

Total floor area: 130 m² + 20 m² boat house
Location: Stockholm archipelago, Sweden
Photos © Åke E:son Lindman
Type of construction: Timber frame, solid wood

The starting point for this project was to provide a direct relationship with the dramatic archipelago landscape, and to create a simple platform which would offer several diverse readings of the relationship between space and nature. The Archipelago House was conceived as a light-weight construction in wood and glass. Located in Stockholm's outer archipelago, this summer house was built within the specific conditions prevailing on the island.

The geometry of the plan is generated by the specifics of the site; the house sits on a flat surface between two rocky outcrops, and is oriented simultaneously towards the sun in south and towards sea views in the west. With smaller rooms placed behind, the three large social areas of the house open up to the terrace and provide an open platform, criss-crossed by sliding glass. The zigzag layout also creates a series of outside spaces which are sheltered from the island's strong winds. A horizontal screen diffuses sunlight and provides a variety of shadows, as well as giving the impression of a continuous space, blurring the boundary between inside and out.

El punto de partida de este proyecto consistió, por una parte, en establecer una referencia directa al impactante paisaje del archipiélago, y por otra en crear una sencilla plataforma que pudiera sugerir distintas interpretaciones sobre la conexión entre los espacios y la naturaleza. La "Archipelago House" se concibió como una construcción ligera en madera y vidrio. Esta casa de verano, que se encuentra en el archipiélago exterior de Estocolmo, se construyó teniendo en cuenta las condiciones específicas de la isla.

La geometría de la planta surge por las características del lugar; la vivienda se asienta sobre una superficie plana entre dos formaciones rocosas y se orienta de forma simultánea al sur en busca del sol y al oeste por sus vistas al mar. Las habitaciones más pequeñas se encuentran en la parte posterior, mientras que las tres principales zonas comunes se abren a la terraza, creando una plataforma abierta a través de grandes aberturas. La planta en zigzag también permite crear una serie de espacios exteriores protegidos de los fuertes vientos de la isla. Una pantalla horizontal filtra la luz del sol y crea una serie de sombras que dan la impresión de una espacio continuo, difuminando los límites entre el interior y el exterior.

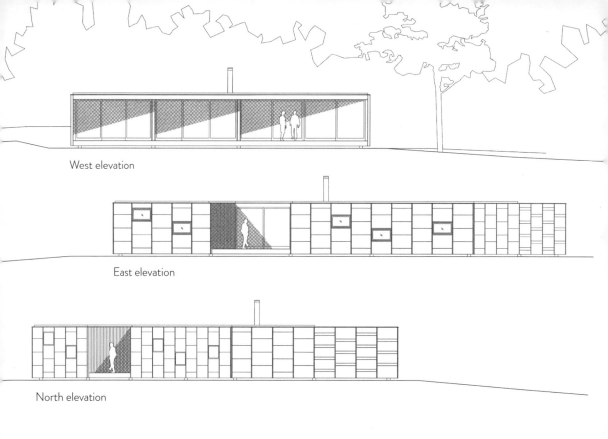

West elevation

East elevation

North elevation

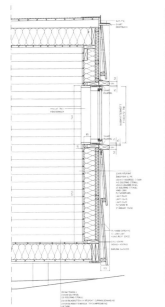
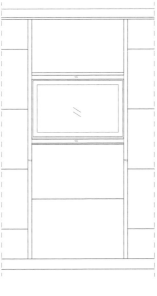

Detail section

Standing on the plot's only flat surface allows the foundations of this summer house to have a minimal impact on the site, preserving natural characteristics and allowing rocks to filter down to the house. The large-scale shingle panel façade consists of a framework of core-sawn pine in decreasing lengths and plywood boards, and is treated with a protective black glaze. Interior walls and ceilings consist of white painted tongue & groove panels, and the wooden floor and doors of white-oiled oak. All wardrobes, bunk-beds and shelving units were hand-made on site from solid wood, and painted white.

La construcción en la única superficie plana del terreno permite un mínimo impacto de los cimientos en el lugar, permitiendo a las rocas filtrarse debajo de la casa. La fachada, con un panel de tejas de grandes dimensiones, consis-te en un marco de pino aserrado en longitudes decrecientes y paneles contrachapados, y va tratada con un esmalte negro protector. Las paredes interiores y techos están compues-tas de paneles machihembrados pintados de blanco; el suelo y las puertas son de roble con un tratamiento de aceite blanco. Los armarios, literas y estanterías se construyeron a mano con madera de la zona y se pintaron de blanco.

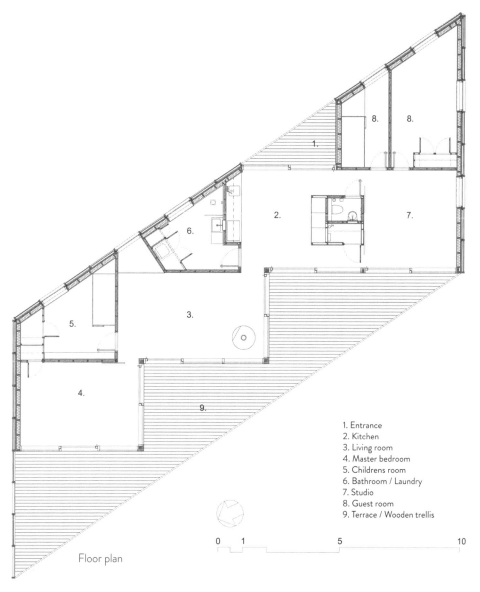

1. Entrance
2. Kitchen
3. Living room
4. Master bedroom
5. Childrens room
6. Bathroom / Laundry
7. Studio
8. Guest room
9. Terrace / Wooden trellis

0   1   5   10

Floor plan

HOTEL ELBINSELHOF KRAUTSAND

Andreas Wenning / baumraum
www.baumraum.de

Location: Drochtersen-Krautsand, Germany
Photos © André Dogbey
Interior area: 30 m²
Terrace area: 18.4 m²
Terraced wood: chestnut natural

Height: two houses: 4.50 m and one house 5.50 m
Support post: 12 steel columns support the cabin of the house in the tree and 4 columns the construction of the terrace.
Façade construction: from the inside to the outside: oak formwork of 20 mm greased; 20 mm OSB: Insulation of 200 mm; 20 mm OSB, ventilation / rear buffering of 20 mm; Floor - Deck of natural chestnut not cut and sawn.
Equipment: bed and bench areas, desk, kitchen, wardrobe, bathroom with toilet and shower.

The history of this project goes back to the past, the dream that a customer had, thinking about a haven of rest for creating, located on the edge of the woods, who wanted to have a place of retreat and that is possible without much effort, in the form of a tree house.

The project consists of three large houses in the trees between pastures, which have a beautiful view of the resting areas of wild geese. They consist of a wooden structure and are supported by 12 steel columns. The façades are made of untreated chestnut wood. Each house has an open terrace on the ground floor and a covered patio in front of the large glass façade. The interiors are of high quality and are characterised by their great comfort, and are formed by a pantry, a dining area, a sofa and a bathroom.

La historia de este proyecto se remonta al pasado, al sueño que un cliente tuvo, pensando en un lugar de descanso para crear, situado al borde del bosque, quería tener un lugar de retiro y eso es posible sin mucho esfuerzo, en forma de una casa en el árbol.

El proyecto se compone por tres grandes casas en los árboles entre pastos, desde las que se tienen unas hermosas vistas de las áreas de descanso de los gansos salvajes. Están formadas por una estructura de madera y soportadas por 12 columnas de acero. Las fachadas están hechas con madera de castaño no tratada. Cada una de éstas tiene una terraza abierta en un nivel inferior y un patio cubierto en frente de la gran fachada de cristal. Los interiores son de alta calidad, se caracterizan por su gran comodidad, y están formados por una despensa, una zona de comedor, un sofá y un baño.

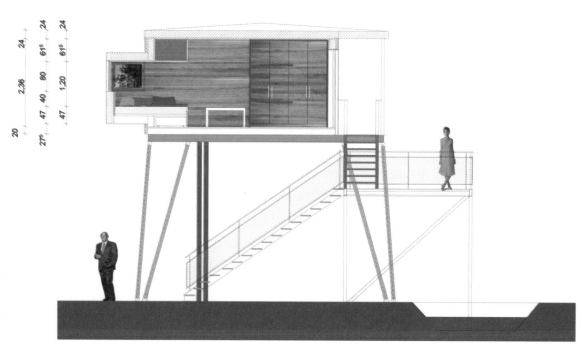

Section

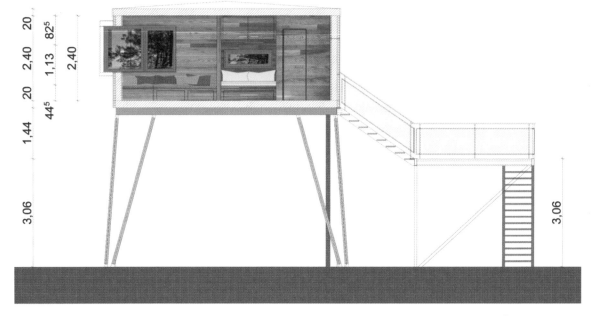

Section

Elevations

A special feature are the cosy alcoves that are integrated as bay windows on the façades of houses. Only oak wood is used for the lining of walls, ceiling, floors and built in furniture.

Un detalle especial son las acogedoras alcobas que se integran como ventanal en las fachadas de las casas. Para el revestimiento de las paredes, el techo, suelo y los muebles incorporados, sólo se utilizó madera de roble.

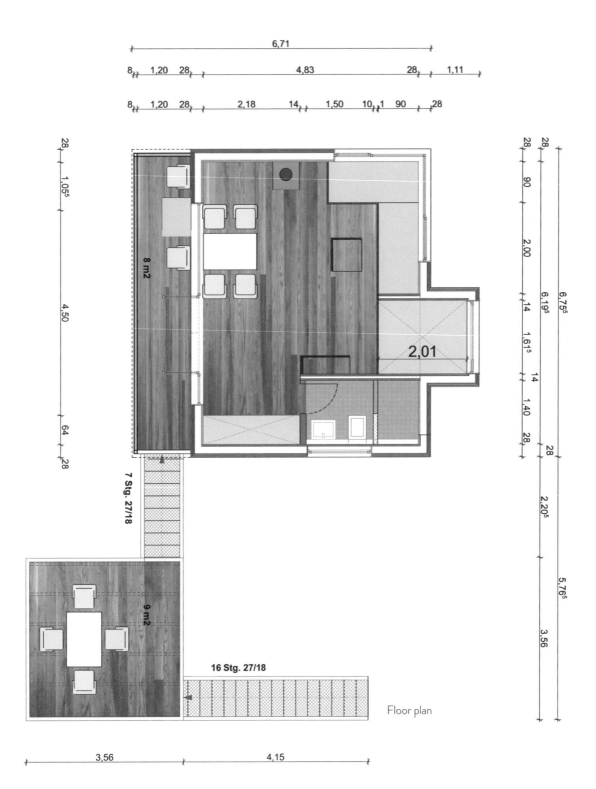

6,71

8 1,20 28 4,83 28 1,11

8 1,20 28 2,18 14 1,50 10 1 90 28

28

1,05⁵

4,50

64

28

8 m2

7 Stg. 27/18

9 m2

16 Stg. 27/18

2,01

28 28

90

2,00

14

1,61⁵

14

1,40

28

6,19⁵

6,75⁵

28

2,20⁵

5,76⁵

3,56

Floor plan

3,56 4,15

MINIMOD CATUÇABA

MAPA Arquitectos: Luciano Andrades, Matías Carballal, Rochelle Castro, Andrés Gobba, Mauricio López, Silvio Machado
www.mapaarq.com

Area of each unit: 45 m²
Location: Fazenda Catuçaba, São Paulo, Brasil
Photos © Leonardo Finotti and E. Rengade

MINIMOD is a technological and experiential project. It is presented as a primitive shelter with a contemporary rereading. A house that connects us with our deepest roots: normality, time and landscape. Its dense and compact design engages with the place where it is installed, and develops and transforms the landscape.
MINIMOD is not a finished project, as many cabins can be created as we can image. The production is based on a logical system of customising and combining models. It allows the user to choose the aspects that best suit each new landscape and the user themselves, as well as offering the option of choosing an exterior finish and fitted equipment. The possibilities are endless!

MINIMOD es una exploración proyectual, tecnológica y experiencial. Se presenta como el abrigo primitivo con una relectura contemporánea. Un dispositivo que nos conecta con nuestras raíces más profundas: lo natural, el tiempo, el paisaje. Su diseño denso y compacto dialoga con los lugares donde se instala, los potencia, los convierte en paisajes disponibles.
MINIMOD no es un proyecto acabado, pueden ser creados tantos como seamos capaces de imaginar. Basado en una lógica sistémica de módulos combinables customizables, permite la elección y composición de los módulos que mejor se adapten a cada nuevo paisaje y usuario, así como ofrece la opción de escoger terminaciones exteriores y equipamientos. ¡Las posibilidades son infinitas!

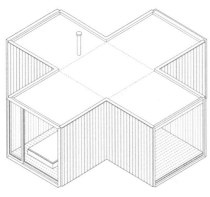

Axonometry

MINIMOD is an alternative to traditional construction, incorporating all the advantages that the industry can offer: greater precision, faster production, less waste generation and, above all, greater environmental responsibility.

MINIMOD pretende ser una alternativa a la construcción tradicional, incorporando todas las ventajas que la industria puede brindarnos: mayor precisión, mayor rapidez, menor cantidad de generación de desperdicios y sobre todo, una mayor responsabilidad ambiental.

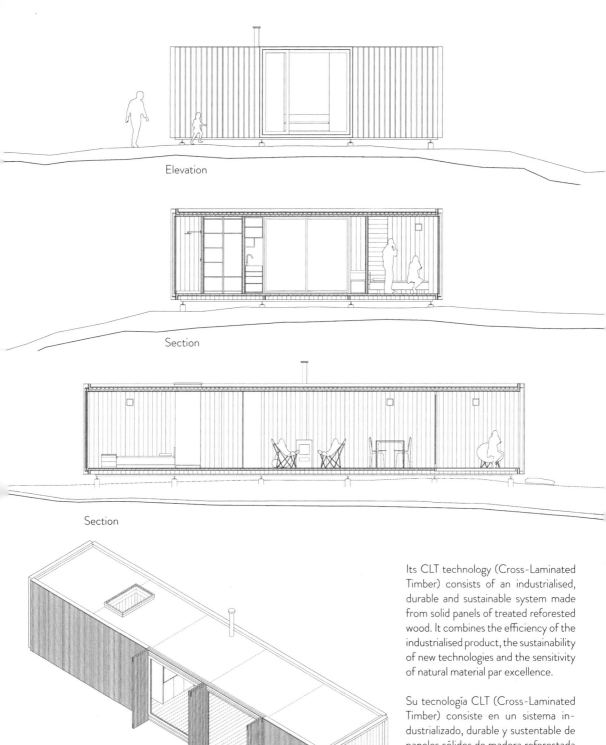

Elevation

Section

Section

Axonometry

Its CLT technology (Cross-Laminated Timber) consists of an industrialised, durable and sustainable system made from solid panels of treated reforested wood. It combines the efficiency of the industrialised product, the sustainability of new technologies and the sensitivity of natural material par excellence.

Su tecnología CLT (Cross-Laminated Timber) consiste en un sistema industrializado, durable y sustentable de paneles sólidos de madera reforestada tratada. Conjuga así la eficiencia del producto industrializado, la sustentabilidad de las nuevas tecnologías y la sensibilidad del material natural por excelencia.

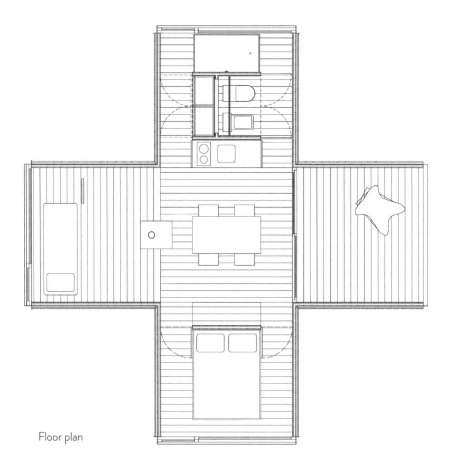

Floor plan

TREE HOUSE KITCHEN

Blue Forest
www.blueforest.com

Interior area: 37 m²
Location: Surrey, United Kingdom
Photos © Alex Whittle and Blue Forest

Located in Surrey, England, the Tree House Kitchen is use as a functioning venue for a gourmet meals company, The Pure Package, as well as a private retreat. The kitchen space that forms the main area of the tree house has an open layout with room to serve, as well as create delicious dishes.

The kitchenette area of this unique tree house includes a white counter area with hobs, a separate sink unit, dining area and additional shower room discreetly hidden away. There are additional plugs hidden under the counter area keeping the kitchen neat and tidy.

With no telephones or television this tree house hideaway is the ideal escape from modern life with views of lush greenery all around. The Tree House Kitchen is a sophisticated and comfortable retreat for a unique dining experience or somewhere to while away a summer evening.

Se diseñó la Tree House Kitchen (casa en el árbol-cocina) en Surrey, Inglaterra, como centro de trabajo para una empresa de catering gourmet, y como un lugar de retiro privado. El espacio de la cocina que conforma el área principal de esta casa en el árbol presenta un diseño abierto que permite servir y crear sabrosos platos.

La parte de la cocina de esta singular casa en el árbol incluye una encimera blanca con fogones, un fregadero independiente, una zona de comedor y un cuarto de ducha adicional discretamente escondido. Se pueden encontrar enchufes adicionales ocultos bajo la encimera, lo que permite mantener la cocina despejada y organizada.

Al no disponer de teléfonos o televisión, la casa es perfecta para escapar del mundanal ruido y disfrutar de los magníficos paisajes verdes que la rodean. La Kitchen Treehouse es un refugio práctico y completo donde los clientes podrán vivir una experiencia culinaria única o simplemente disfrutar una tarde de verano tranquila.

The Tree House Kitchen is a luxury treehouse. Blue Forest have incorporated a special platform off the main structure with zip wire and some adventurous rope bridges for them to play on, creating the perfect combination for young and old alike.

This treehouse kitchen is used to host cookery lessons. Those sitting around the modern wood dining table, with its matching chairs and bench seating, are able to look out through the charming double doors at the rustic, inviting exterior seating area.

La Tree House Kitchen es una casa en el árbol de alta gama. Blue Forest ha incorporado una plataforma especial con tirolina y unos divertidos puentes de cuerda en la parte exterior de la unidad principal que convierten la construcción en un lugar perfecto para niños y adultos. Esta casa en el árbol se utiliza para impartir clases de cocina. Desde la moderna mesa de comedor en madera, con sillas y bancos a juego, y a través de unas puertas dobles con mucho encanto, se puede vislumbrar la zona de asientos exterior, rústica y acogedora.

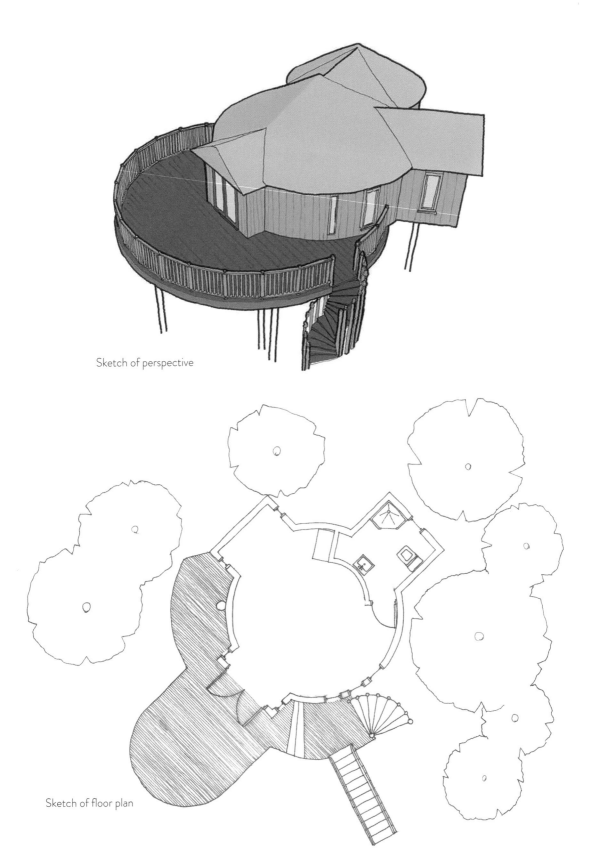

Sketch of perspective

Sketch of floor plan

A45

Bjarke Ingels Group
Project Leaders: Max Moriyama, Anton Bak (Klein)
www.liveklein.com

Interior area: 13.93 m²
Location: New York, USA
Photos © Matthew Carbone

The NYC-based tiny home company Klein, founded in 2017 by designer Soren Rose, today announced their tiny home concept enlisting award-winning architects globally to re-think small dwellings, starting with the 180 sqft A45 Nordic Edition. Designed by the NYC, London and Copenhagen based architects BIG, the first A45 prototype is constructed in upstate New York and will be customizable inside and out. Future home-owners can purchase, tailor and have the house built within 4-6 months in any location for any purpose, from weekend getaways to a guestroom or a music studio to a creative retreat.

A45 is built entirely on site (is handcrafted of site and assembled in modules on site) and consists of 100% recyclable materials including the timber frame, wall modules, a subfloor and the triangular floor-to-ceiling window featuring seven glass pieces that allow natural daylight to illuminate the interiors. The structure is slightly elevated by four concrete piers to give optimal support and allow homeowners to place their tiny house in even the most remote areas without the use of heavy machinery.

Klein, el estudio con sede en NYC y fundado en 2017 por el diseñador Soren Rose, ha publicado su concepto de microhogar, para el que va a contar con arquitectos de renombre mundial que se encargarán de crear un nuevo concepto de pequeña vivienda, comenzando con la versión nórdica de la casa A45, de 17 m². La firma BIG, con oficinas en Nueva York, Londres y Copenhague, ha construido su primer prototipo de la casa A45 en Nueva York, que podrá personalizarse por dentro y por fuera. Los futuros propietarios podrán comprar, adaptar y tener la casa construida en un plazo de 4 a 6 meses, en cualquier ubicación y para cualquier propósito: para una escapada de fin de semana, como habitación de invitados, estudio de música o casa de retiro artístico.

A45 se levanta a partir de módulos ensamblados en el terreno y está fabricada con materiales 100% reciclables, que incluyen la estructura de madera, los módulos de paredes, un subsuelo y una ventana triangular de suelo a techo que está compuesta por siete piezas de vidrio que permiten que la luz natural penetre en el interior. El volumen se eleva ligeramente sobre cuatro pilares de hormigón que brindan un soporte óptimo y permiten a los propietarios colocar su pequeña casa incluso en las áreas más remotas sin tener que recurrir a maquinaria pesada.

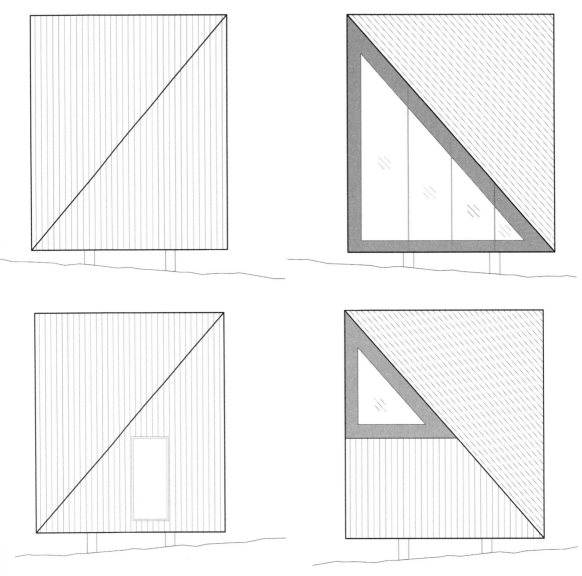

Elevations

BIG's design evolves from the traditional A-frame cabin, known for its pitched roof and angled walls which allow for easy rain run-off and simple construction. To maximize the qualities of this classic structure, A45 creates more usable floor area by rotating the classic A-frame structure 45 degrees so the lower part of the house only touches on two corners, maximizing the wall height to 13 ft inside.

El diseño evoluciona desde la tradicional cabaña en forma de A, conocida por su techo inclinado y paredes en ángulo que permiten un fácil desagüe de la lluvia y una construcción sencilla. Para sacar el máximo partido de las cualidades de esta clásica estructura, en la A45 se crea una mayor área de suelo utilizable al recurrir a una base cuadrada y girar el techo 45 grados, consiguiendo así una altura de hasta casi 4 metros.

A45 becomes a more spacious version of the original A-frame and ends up having an interesting volume - from certain angles it looks like a cube and from other angles it looks like a spire.

La A45 se convierte en una versión más espaciosa de la forma en A original y adopta un interesante diseño: desde ciertos ángulos, se ve como un cubo, y desde otros ángulos parece una aguja.

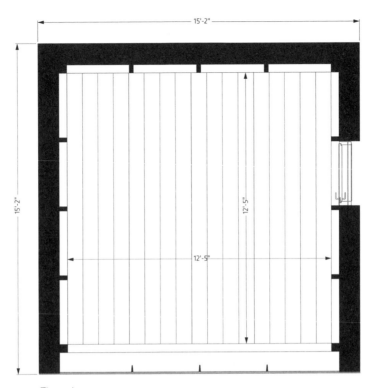

Floor plan

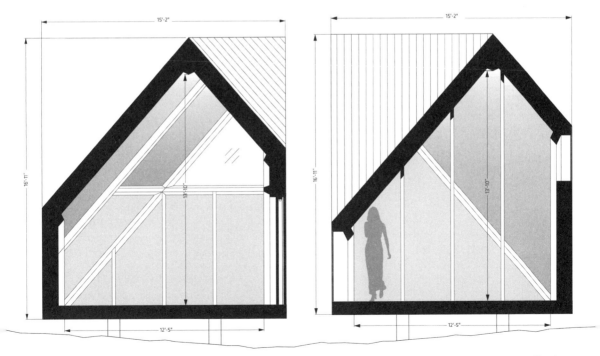

Sections

TREEHOUSE HALDEN

Andreas Wenning / baumraum
www.baumraum.de

Location: Halden, Switzerland
Photos © Laura Fiorio
Tree: a oak
Interior area: 22 m²
Terrace area: 14 m²

Steel structure with four wooden supports underneath. The terrace is built using ropes and hooks carried by the oak tree.
Construction of the terrace: Steel structure, deck of untreated chestnut wood.
Façade construction: From the inside to the outside: oak formwork of 20 mm oiled; 20 mm OSB; Wood wool 100 mm - insulation; Ventilation / rear buffering of 30 mm; Formwork of floor deck in black maple timber wood.
Height: 4.20 to 5.50 m

To make a dream come true sometimes you need to take a deep breath and be very determined. In this case two friends, Helgard and Nina, had the vision of having their own house in a tree several years before the first plans were on the table. What they wanted was to create a special hiding place for them and for their guests, with a very comfortable atmosphere to enjoy therapeutic conversations.

During the planning process, several studies were done of different shapes of roof, façade materials, and the design variants were developed and evaluated. An almost black building with a sloping roof emerged from all the suggestions. The predetermined value of the latter, in spite of the traditional roof shape, is that it was designed with large rectilinear glass surfaces.

The small tree house is characterised by the spacious living room, and the large glazed gable roof on the northern facing side, which opens out onto a picturesque view from the garden to the Thur river. Above the in-built kitchen and the bathroom is a cosy space for sleeping, from where you can look through the skylight and see the oak treetop, and with a clear sky the stars. For the warmth and comfort on cold days there is a small wood-burning stove.

Para realizar un sueño a veces se necesita respirar hondo y una gran voluntad. En este caso dos amigos, Helgard y Nina, tuvieron la visión de tener su propia casa en un árbol durante varios años antes de que los primeros planos estuvieran sobre la mesa. El deseo de los dos era crear un escondite especial para ellos y para sus invitados, con un ambiente muy cómodo donde poder disfrutar de conversaciones terapéuticas.

Durante el proceso de planificación, se hicieron varios estudios de diferentes formas de techo, de materiales de fachada, y las variantes de diseño se desarrollaron y evaluaron. Entre todas las sugerencias surgió un edificio casi negro con techo inclinado. El valor predeterminado de éste, a pesar de la forma de techo tradicional, es que fue diseñado con grandes superficies de vidrio rectilíneo.

La pequeña casa en el árbol se caracteriza por la amplia sala de estar, y el gran acristalamiento a dos aguas de ésta en el lado norte, que abre una pintoresca vista desde el huerto hasta el río Thur. Sobre la cocina integrada y el baño se encuentra un acogedor espacio para dormir, desde el que se puede echar un vistazo a través de la claraboya a la copa del roble, y con el cielo despejado a las estrellas. Para la calidez y la comodidad en los días fríos hay una pequeña estufa de leña.

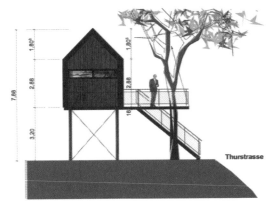

South elevation

North elevation

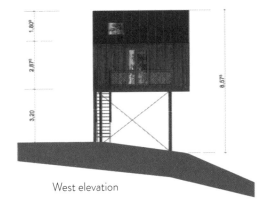

West elevation

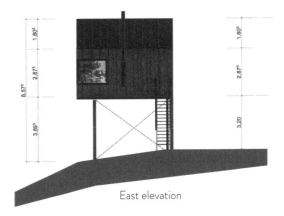

East elevation

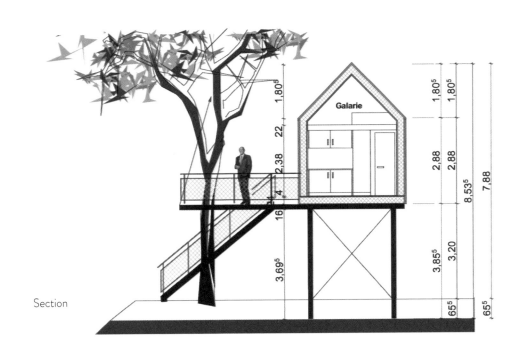

Section

Galarie

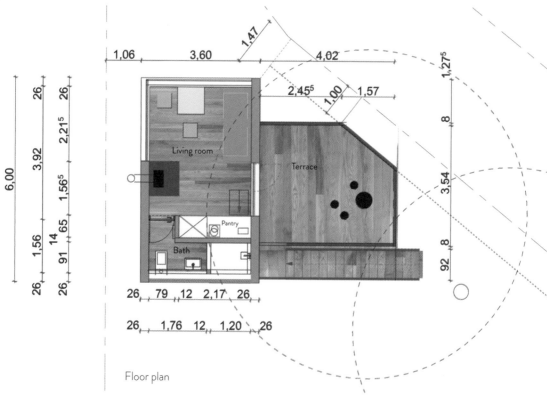

Floor plan

HOUSE KROKHOLMEN

Tham & Videgård Arkitekter - Bolle Tham and Martin Videgård
www.tvark.se

Total floor area: 135 m²
Location: Krokholmen, Värmdö Municipality, Stockholm archipelago, Sweden
Photos © Åke E:son Lindman

The site is a promontory on the relatively small island of Krokholmen in Stockholm's outer archipelago: a typical archipelago landscape with windswept dwarf pines and soft mountain outcrops produced by the inland ice. The plot benefits from open views, in the east all the way out to the lighthouse Almagrundet in the open sea, and it is at times exposed to strong winds. The family wanted a maintenance-free vacation home. We proposed a two-part plan. Through a central wall holding the fireplace, a narrow opening gives access to bedrooms, bath and storage, that are oriented to the forest in the west. The large family room with kitchen and entrance could thus face out towards the sea with daylight and view in three directions. A screen of wood and glass runs around the house and unite interior and exterior spaces on a base of in-situ cast concrete. The living room opens up through large sliding doors onto three terraces, one of which is sheltered from the winds and facing south and one is completely open to the water to the east. The horizontal openess of the main space out towards the sea is balanced by its verticality, an internal ridge height of 6 meters (18 feet).

El lugar es una elevación de terreno en la pequeña isla de Krokholmen en el archipiélago exterior de Estocolmo: un paisaje típico de archipiélago con pinos enanos azotados por el viento y discretas formaciones montañosas fruto del hielo interior. El terreno ofrece vistas abiertas por el este, hacia el faro de Almagrundet en mar abierto, y a veces se ve expuesto a fuertes vientos. La familia quería una casa de vacaciones de poco mantenimiento. Propusimos un plan de dos partes. A través de un muro central que sostiene la chimenea, una estrecha abertura da acceso a los dormitorios, baño y zona de almacenaje, los cuales están orientados al oeste, donde se encuentra el bosque. De día, desde la gran sala de estar con cocina y entrada se puede mirar hacia el mar, con vistas en tres direcciones. Una pantalla de madera y vidrio rodea la casa conectando los espacios interiores y exteriores sobre una base de hormigón fundido en el propio terreno. A través de unas grandes puertas correderas, el salón da paso a tres terrazas, una de ellas protegida del viento y que se orienta hacia el sur, otra que está completamente abierta hacia el mar por el este. La apertura horizontal del espacio principal hacia el mar se ve compensada gracias a su verticalidad, con una altura interna de 6 metros.

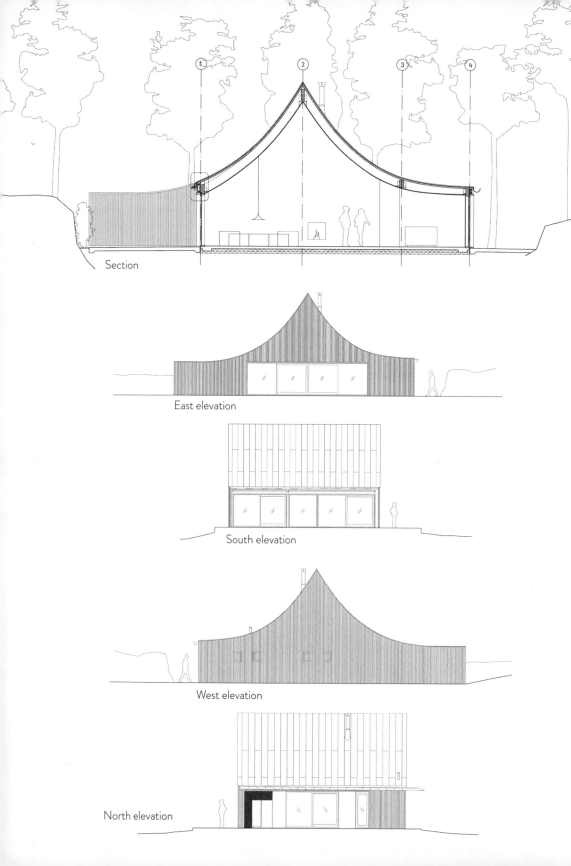

Section

East elevation

South elevation

West elevation

North elevation

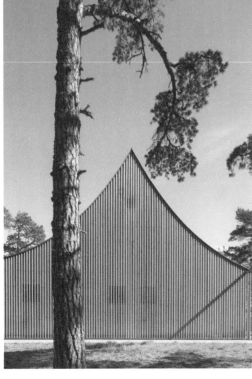

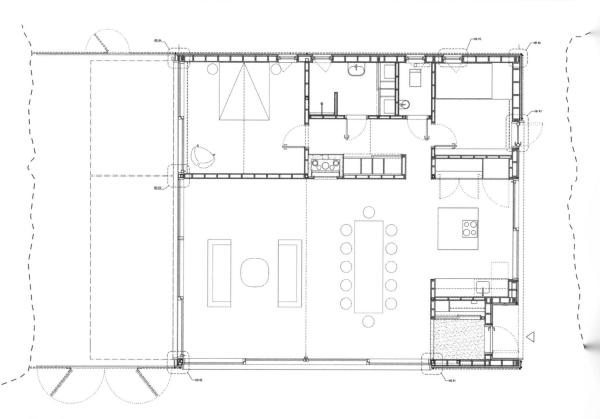

Floor plan

THE WOODMAN'S TREEHOUSE

Guy Mallinson (Woodland Workshop) & Keith Brownlie (BEaM -Brownlie Ernst and Marks-)
www.mallinson.co.uk
www.beandm.co

Area: 35m² internal (including sauna) + 40m² external terracing (excluding bridge)
Location: West Dorset, United Kingdom
Photos © Sandy Steele-Perkins

The Woodsman's Treehouse is a totally private and unique experience set on two floors high up in the branches of a veteran oak. The ultimate escape amongst the tree canopy; at one with nature. The Woodsman's Treehouse combines sustainable wood craftsmanship and luxurious interiors with a playful touch – all for two people. Highlights include your own sauna and hot tub on the upper spa deck, a revolving woodburner, an open air tree-shower on a huge second deck and a stainless steel slide.
Built using local material where possible with no impact to the surrounding tree; we believe that the great oak has grown in response to its environment and as such should be left alone.

La Woodman's Treehouse es un espacio totalmente independiente y único que se distribuye en dos plantas construidas entre las ramas de un viejo roble. Una huida de la civilización en toda regla, para perderse entre las copas de los árboles y comunicarse con la naturaleza. La Woodman's Treehouse, que combina el trabajo artesano a partir de madera sostenible y unos acabados interiores de lujo con un toque de originalidad, es perfecta para dos personas. Entre los elementos que más destacan, una sauna y un jacuzzi privados situados en la terraza-spa superior y una estufa de leña giratoria, además de una ducha-árbol al aire libre en una segunda terraza de grandes dimensiones y un tobogán de acero inoxidable.
Este espacio se ha construido con materiales de la zona dentro de lo posible, procurando que el árbol acoplado no sufriera daños; este gran roble ha ido creciendo en consonancia con el entorno y merece respeto.

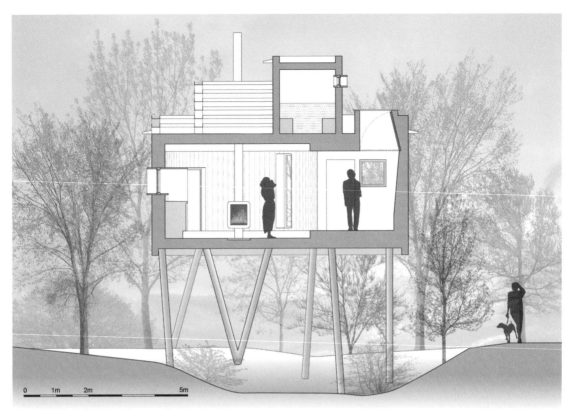

Section

The central octagon is clad in alternating diagonal stripes of douglas fir and cedar, changing direction at each vertical seam to create a chevron pattern that strongly accentuates the primary geometry. Three 'box rooms', clad in cleft sweet chestnut log stacks, oak laths and hand cleft oak shingles respectively, surround the drum and create a painterly composition of forms and finishes. A fourth 'box' containing a kitchen is contained wholly within the drum and does not penetrate the facade.

El octágono central va revestido con franjas diagonales intercaladas de madera de abeto Douglas y cedro, cambiando de dirección en cada junta vertical para crear un patrón de chevrón que acentúa con fuerza la geometría de partida. Tres habitaciones de tipo "caja", revestidas con pilas de troncos de castaño, listones y tejas de roble, respectivamente, rodean el tambor y dan forma a una composición pictórica de formas y acabados. Una cuarta "caja" con una cocina se incluye de forma íntegra dentro del tambor y sin llegar a penetrar en la fachada.

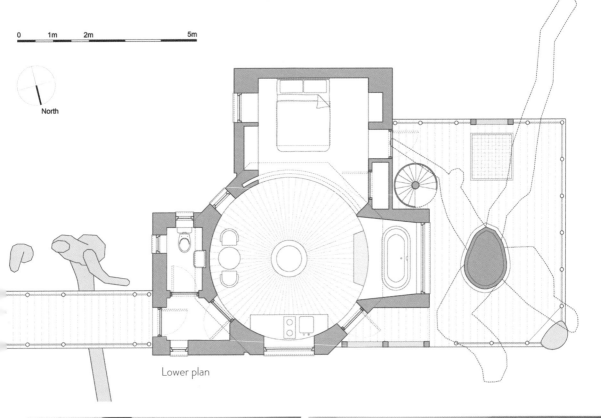

0   1m   2m   5m

North

Lower plan

76

The plan is arranged around a central cylinder secreted within a rectilinear outer casing, paying modest homage to Palladio's Villa Rotunda. Subordinate forms are 'plugged-in' to the faces of the octagonal central drum just as formal porticos adorn the facades of the classical villa. These sub spaces house lobby, bed, bath, and kitchen on the compass points around a central living space. The rooftop sauna box, clad in larch slab wood with elongated water spouts and slit windows gives the unmistakeable impression of a treetop fort keeping guard over the treehouse and the pier that connects it back to terra firma.

La planta se distribuye alrededor de un cilindro central separado por una carcasa exterior rectilínea que busca cierta inspiración en la Villa Rotonda de Palladio. Las estructuras subordinadas de la casa están "enganchadas" a las caras del octágono central del mismo modo que los pórticos adornan las fachadas de una casa de campo. Estos espacios secundarios albergan el vestíbulo, la cama, el baño y la cocina, y se sitúan en los puntos cardinales alrededor de un espacio de descanso central. La caja que acoge la sauna en la azotea, revestida con tejas planas de alerce, con caños de agua alargados y ventanas rasgadas, presenta un diseño que recuerda a una fortaleza que monta guardia encima de la casa en el árbol, un muelle que la conecta a tierra firme.

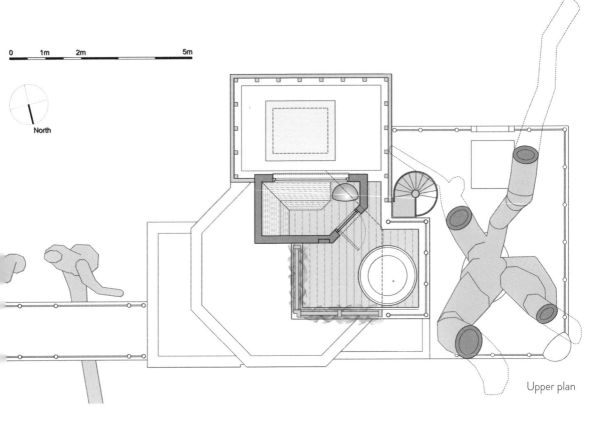

0   1m   2m   5m

North

Upper plan

REFUGIO PV

Lorena Troncoso-Valencia
www.www.lorenatroncoso.cl

Interior area: 24 m²
Location: Las Trancas, Pinto, Chile
Photos © Cristóbal Caro

The project offers a temporary shelter for a young pair of climbers or rock sport lovers. The main restriction was the limited surface, but the user's physical ability enables the surface to vertically increase, expanding the space to double the height. Programmatically, the cabin is fitted with the basic and essential needs to inhabit for short periods, considering the minimum space to sleep, eat, tidy up and allow extra room for visitors. The refuge is located in Las Trancas, Pinto, in the south central zone of Chile. The town is known for its mountain range landscape that hosts a high variety of extreme sports.

The exterior of the cabin is smooth and shell like (walls and roof), and is built on a rock pediment. The same material has been used on the main façade of the cabin, replicating the verticality of the rock wall, and the asymmetric break of the roof allows the correct drainage of snow. Internally, more space is generated by the floating platform above the only enclosed part of the cabin.

La obra consiste en un refugio temporal, para una joven pareja de escaladores, amantes del deporte en roca. La principal restricción era la acotada superficie, pero la habilidad física del usuario permitía aumentar la superficie en sentido vertical, ampliando el espacio con una doble altura. Programáticamente se dio cabida a las acciones básicas y esenciales para habitar por cortos plazos, considerando el espacio mínimo para dormir, comer, asearse y permitir cabida extra a usuarios itinerantes. El refugio se ubica en Las Trancas, Pinto, en la zona centro sur de Chile. La localidad destaca por su paisaje cordillerano que acoge una alta variedad de deportes extremos.

Se plantea la idea de una cáscara uniforme (muro y cubierta) que envuelve un frontón retraído, jugando con el lleno de madera y vacío acristalado. Este lleno en la fachada principal, replica la verticalidad del muro de roca que se observa en el fondo del terreno. El quiebre asimétrico del tejado permite el correcto escurrimiento de la nieve. Interiormente genera mayor amplitud para el altillo que flota sobre el único volumen cerrado.

There is an open area on the ground floor arranged for cooking, eating, a log fire and a desk for working. Above the kitchen and bathroom is a mezzanine level, which protrudes on one end to accommodate a sleeping area, and generates more living space.
To introduce the sense of space in a small area, the floor, ceiling and walls are made from the same material.

Espacialmente se identifica un espacio abierto, en la planta baja se organizan las zonas para cocinar, comer, calentarse y trabajar. Sobre la línea de la cocina y el baño, unidos a través de una pequeña escalera vertical, se sitúa una plataforma flotante que en cierta parte sobresale, para acoger el área de dormitorios.
Para evitar saturar el pequeño espacio, el suelo, techo y pared son revestidos del mismo material.

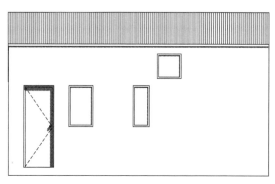
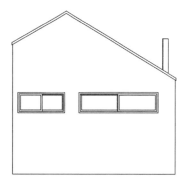
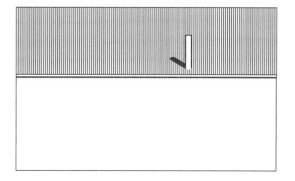

Elevations

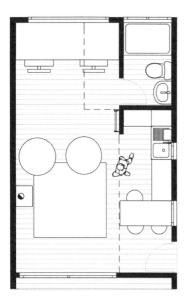
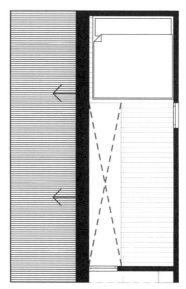
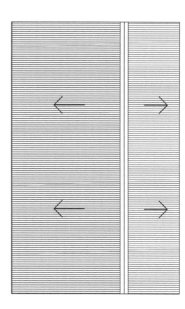

Floor plans

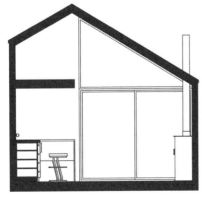

Sections

BRIDGE STUDIO

Saunders Architecture
www.saunders.no

Area: 30 m²
Location: Fogo Island, Newfoundland, Canada
Photos © Bent René Synnevåg

Credits: Todd Saunders with Attila Béres, Ryan Jorgensen, Ken Beheim-Schwarzbach, Nick Herder, Rubén Sáez López, Soizic Bernard, Colin Hertberger, Christina Mayer, Olivier Bourgeois, Pål Storsveen.

The Shorefast Foundation and the Fogo Island Arts Corporation has commissioned Todd Saunders to design a series of six artists' studios on various Fogo Island locations. The organization is committed to preserving the Islanders' traditions and aims at rejuvenating the island through the arts and culture.
The Bridge Studio is dramatically located on a steep hillside overlooking the calm waters of an inland pond.

Shorefast Foundation y Fogo Island Arts Corporation le han encargado a Todd Saunders que diseñe una serie de seis estudios para artistas en varios puntos de la isla de Fogo. Esta organización se dedica a preservar las tradiciones de los isleños y fomentar la modernización de la isla a través de las artes y la cultura.
El Bridge Studio destaca por su situación en la ladera de una colina empinada con vistas a las tranquilas aguas de un lago interior.

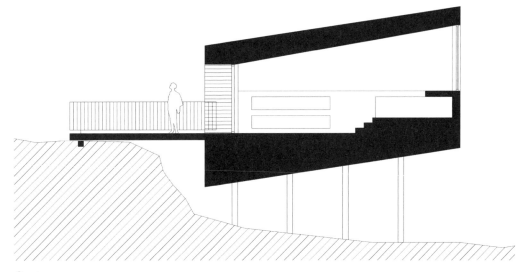

Section

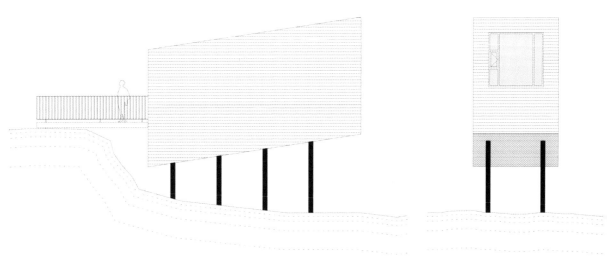

Elevations

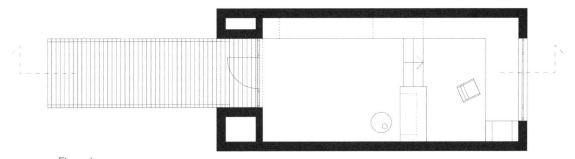

Floor plan

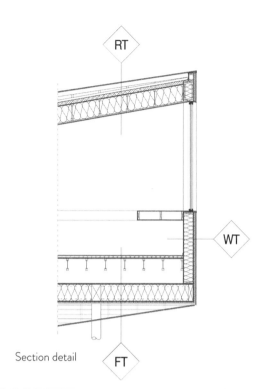

RT

WT

FT

Section detail

TREEHOUSE DJUREN

Andreas Wenning / baumraum
www.baumraum.de

Location: Lower Saxony, Germany
Photos © Alasdair Jardine
Trees: two oaks
Sheet: zinc

Façade construction: From inside to outside: 8 mm latex painted plasterboard; steel framework with flanking wooden arch of glued wood; 80 mm mineral insulation; 20 mm spruce boarding; membrane; 20 mm air space; rounded oak boarding; gable areas: perspex, 8 mm painted cream on reverse side
Height lower terrace: 3.8 m
Height upper terrace and treehouse: 5.6 m
Interior area: 10.6 m²
Terrace area: 16.4 m²

Compared with baumraum projects in Italy or overseas, in logistical terms, this construction was quite an easy task. The site in Lower Saxony is very near Bremen, and also very close to the assembly location. So one can almost describe it as a home game. However, the shape of the tree house and the associated details offered enough challenges to the designers and the craftsmen building it. The property is on the edge of the village with a few detached houses and plenty of trees. The clients wanted an unusual and comfortable tree house – a nest for the whole family. How this wish was to be implemented was left entirely to baumraum. The rounded shape of this treehouse is reminiscent of an egg cut open longitudinally. This association is heightened through the accenting of the gable surfaces with cream-painted perspex, and the elliptically-shaped windows.

En comparación con otros proyectos de baumraum en Italia o otros países, desde un punto de vista logístico esta construcción resultaba una tarea bastante sencilla. El lugar se encuentra muy cerca de Bremen, en la Baja Sajonia, así que los arquitectos se movían en un terreno que conocían bien. Sin embargo, la forma de esta casa en el árbol y sus detalles supusieron todo un desafío para los diseñadores y los artesanos que participaron en su construcción. La propiedad bordea una aldea, junto a unos pocas viviendas unifamiliares y una arboleda. Los clientes querían una casa del árbol atípica, pero cómoda; un refugio familiar. Ahora bien, los medios para lograrlo quedaban enteramente a criterio de baumraum. La forma redondeada de esta casa en el árbol recuerda a la forma de un huevo cortado de forma longitudinal. El diseño de la estructura destaca aún más gracias a las superficies del hastial pintadas con Perspex en tonos crema y las ventanas con forma elíptica.

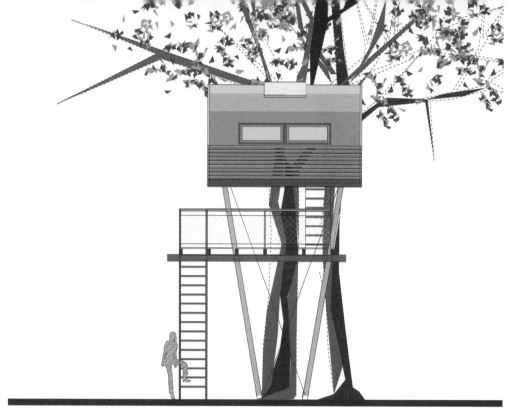

Bearing structure: The weight of the terraces and the horizontal loads of the treehouse are distributed across the two oaks by means of steel cables and textile straps; the vertical loads rest on four V-shaped steel supports.

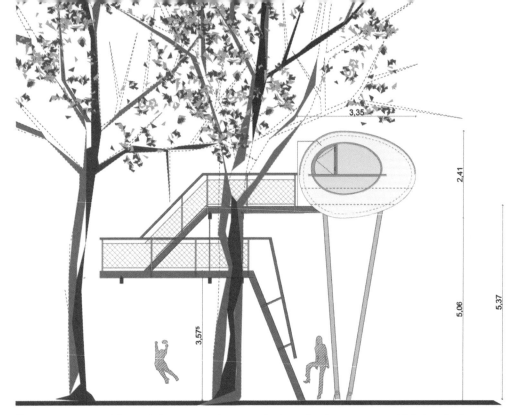

Estructura portante: El peso de las terrazas y las cargas horizontales de esta casa en el árbol se distribuyen a través de los dos robles y por medio de cables de acero y correas textiles; las cargas verticales descansan sobre cuatro soportes de acero en forma de V.

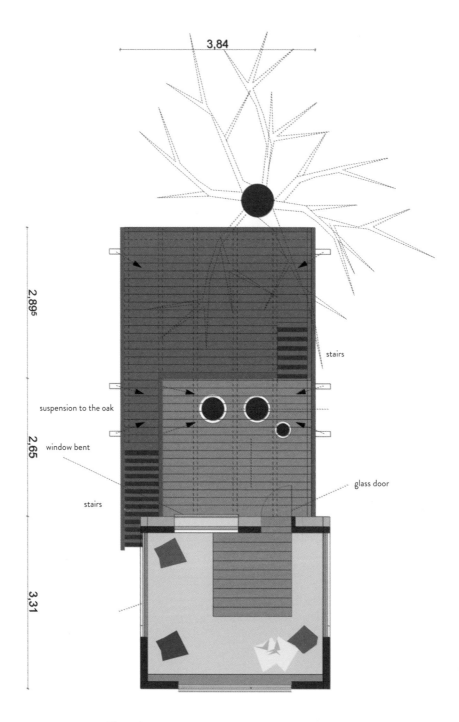

3,84

2,89⁵

stairs

suspension to the oak

2,65

window bent

stairs

glass door

3,31

Floor plan

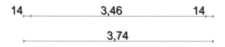

14   3,46   14

3,74

On the other hand, the materials chosen for the other external elements, such as the terrace and the underside of the tree house, are more robust, with these being constructed of indigenous oak. Sheet zinc was used for the tree house roof. One special detail is the curved glass area on the front façade. The weight of the tree house is borne by both the trees and by supports. The weight of the two terraces and the horizontal load of the tree house is distributed across the oaks by means of steel cables and textile straps. The tree house's vertical loads rest on four v-shaped steel supports.

Por otro lado, los materiales elegidos para el resto de elementos externos, como la terraza y la parte inferior de la vivienda, son más robustos al estar construidos a partir de roble autóctono. Para el techo, se utilizó una plancha de zinc. Como detalle especial, el área de cristal curvado de la fachada frontal. El peso de esta casa en el árbol está repartido entre árboles y soportes. El peso de las dos terrazas y la carga horizontal de la construcción se distribuye a través de unos robles, por medio de cables de acero y correas textiles. Las cargas verticales descansan sobre cuatro soportes de acero en forma de V.

WIKKELHOUSE

Fiction Factory
CEO: Oep Schilling
www.wikkelhouse.com

Interior area: 30 m² (6 segments) (adjustable)
Location: Mobile
Photos © Yvonne Witte / Wikkelhouse

Wikkelhouse is a unique modular concept. Individual standard segments can be simply interlinked with hidden connections to form a (holiday) home or office. Fiction Factory, a creative and innovative company in Amsterdam, can make a Wikkelhouse in any desired style. The base of Wikkelhouse is virgin fiber cardboard, which is made from Scandinavian trees. This top-quality cardboard is wrapped around a unique patented house-shaped mould, while environmentally friendly glue is added. This results in a robust sandwich structure with optimal insulation qualities and structural strength. After wrapping the cardboard each segment is covered with a waterproof but breathable foil. This foil makes sure the cardboard doesn't get drenched during rain while any moisture in the cardboard can always go out. The outside panelling of Wikkelhouse is made of stained pine wood and protects the foil against UV/Sun light.
Since 1989 Fiction Factory builds exceptional interiors, fair stands and furniture for a worldwide audience. Wikkelhouse is designed and developed by them.

Wikkelhouse es un concepto modular único. Los módulos individuales se pueden unir de forma sencilla mediante conectores ocultos para dar forma a una casa (de vacaciones) u oficina. Fiction Factory, una empresa creativa e innovadora con sede en Ámsterdam, ofrece la opción de montar una Wikkelhouse en cualquier estilo que se desee. La base de la Wikkelhouse es cartón de fibra virgen, que se obtiene a partir de la madera de árboles escandinavos. Este cartón de gran calidad va enrollado alrededor de un molde único en forma de casa patentado al que se le añade pegamento ecológico. Este proceso permite crear una estructura duradera de tipo sándwich que ofrece un aislamiento y una resistencia estructural óptimos. Tras enrollar el cartón, cada segmento de la vivienda se reviste con una lámina de aluminio transpirable y resistente al agua. Este revestimiento evita que el cartón se moje si llueve y permite que la humedad se disipe. Los paneles exteriores de la Wikkelhouse son de madera de pino teñida y protegen el revestimiento exterior de la luz ultravioleta/solar. Desde 1989, Fiction Factory construye interiores, stands para ferias y muebles excepcionales para un público internacional. Son los diseñadores y creadores de la Wikkelhouse.

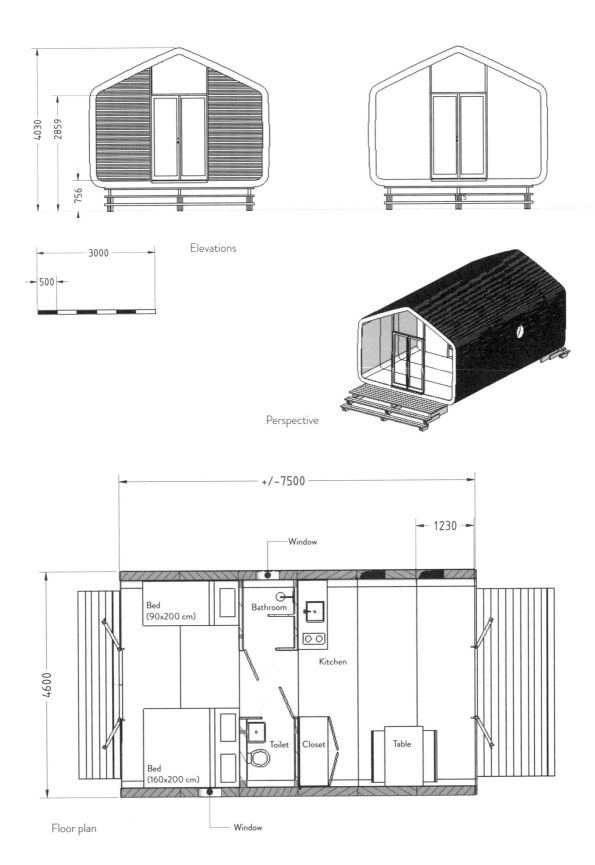

4030
2859
756

3000
500

Elevations

Perspective

+/-7500

1230

Window

Bed
(90x200 cm)

Bathroom

Kitchen

4600

Toilet

Closet

Table

Bed
(160x200 cm)

Floor plan

Window

Wikkelhouse meets temporary and permanent accommodation standards. It is three times more sustainable than traditional construction with an estimated lifespan of at least 50 years. Recyclable materials and the possibility of reusing modules, guarantees its sustainability. Erected within one day, Wikkelhouse can be fitted with a glass or closed end façade. The house can be expanded with a module containing toilet, bathroom and kitchen facilities. It's also possible to move the house or extend it with one or more modules. In general, due to its light-weight construction, no foundation is needed. Technical calculations show that wind does not form a risk. This unique and contemporary design offers you a very special, creative living space.

Wikkelhouse cumple con los estándares de alojamiento temporal y permanente, y es tres veces más ecológica que una vivienda tradicional, con un ciclo de vida de al menos 50 años. Los materiales reciclables y la posibilidad de reutilizar los módulos la convierten en una vivienda sostenible. La Wikkelhouse, que se construye en un solo día, puede personalizarse con una fachada de vidrio o bien cerrada. La vivienda se puede ampliar con un módulo que incluye baño, aseo y cocina. También es posible mover la casa o ampliarla con uno o varios módulos. Por norma general, la ligereza de la construcción evita la utilización de cimientos. Según los cálculos técnicos, el viento no comporta ningún riesgo. Este diseño único y contemporáneo ofrece una vivienda creativa y muy especial.

FIBONACCI TREE HOUSE

Blue Forest
www.blueforest.com

Interior area: 28 m²
Location: Spain
Photos © Blue Forest

The organic shape was inspired by the geometry of the "Fibonacci Spiral". This is a logarithmic spiral often found in nature, for example in the form of a snails shell. This pattern allows the organism to grow without changing shape. The concept also takes inspiration from Blue Forest's ecoPERCH building and from other modern cabins and pods that combine an organic form with contemporary lines.

Fitted with a modern kitchenette, complete with a drinks fridge and wine cooler, this is the perfect place to enjoy a sun downer or entertain friends.

The Fibonacci tree house is finished with Larch boards and features a handcrafted copper fascia with rustic rope detail. The interior is light and airy with extensive glazing including a 4 meter long folding sliding door, blurring the lines between the inside and outside spaces. In addition to all this, the tree house includes a large external deck with plenty of space for a table and chairs and views back across the woodland and garden towards the client's villa.

La forma orgánica de este espacio debe su inspiración a la geometría de la espiral de Fibonacci. Se trata de una espiral logarítmica que a menudo encontramos en la naturaleza, como por ejemplo en la forma de las conchas de caracol. Este patrón permite que el organismo crezca sin cambiar de forma. El concepto también se inspira en la casa eco-PERCH, diseñada por el estudio Blue Forest, y en otras cabañas y módulos modernos que combinan formas orgánicas y estilos contemporáneos.

Está equipada con una moderna cocina americana y se completa con una nevera para bebidas y un enfriador de vino. Es perfecta para disfrutar de una puesta de sol o invitar a los amigos.

La casa en el árbol Fibonacci está acabada con láminas de alerce, y se caracteriza por una cara revestida de cobre hecha a mano y detalles de cuerda rústica. El interior es amplio y luminoso, con un amplio ventanal acristalado que incluye una puerta corredera plegable de 4 metros de largo que difumina los límites entre los espacios interiores y exteriores. Además, esta casa en el árbol incluye una gran terraza externa con un amplio espacio para una mesa y sillas, y ofrece unas vistas hacia el bosque y el jardín desde la parte de atrás, con orientación a la casa del cliente.

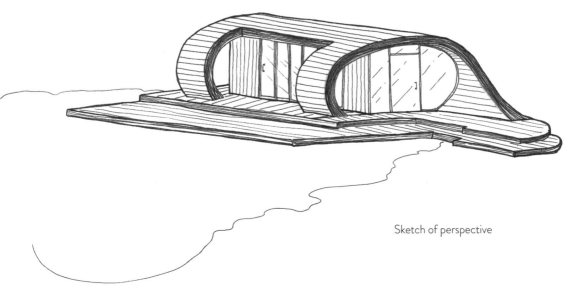

Sketch of perspective

Four different tree decks spread into the pine woods linked by a network of over 40m of adventurous rope bridges. Halfway along the suspended woodland walkway a 3.5m high tree deck is the starting point for a dramatic 23 meter long stainless steel curvy slide.

Cuatro terrazas situadas en árboles diferentes y unidas por una red de puentes de cuerda de más de 40 m se abren paso entre los pinos. A medio camino de la pasarela colgante que recorre el bosque, se encuentra una plataforma de 3,5 m de altura entre los árboles que es el punto de partida para un espectacular tobogán curvo de acero inoxidable y 23 m de longitud.

CABIN ON THE BORDER

SO? Architecture&Ideas
www.soistanbul.com

Gross built area: 18 m²
Location: Edirne, Turkey
Photos © SO?

Lead Architects: Sevince Bayrak, Oral Göktaş
Design Team: Şeyma Erdal, Cansu Özay, Metincan Güzel, Gizem Aşçı, Alex Gahr, Baran Aybars, Tuğçe Selin Türk, Cemal Temel
Structural Consultant: Asmaz Timber

Structure: Structural wood
Facade: Birch Plywood and solid polycarbonate
Interior Finishing: Birch plywood
Roof: Bitumen roofing

What does the photo of the man, walking alone in an almost untouched forest to its elegantly but simply designed hut that gently sits on the soil say us? This very popular image might relate to the dream of escape from metropolis or a way to get back to nature... But more than that, that photo shows the victory of architecture, how it is able to survive even without an infrastructure that is supposed to be the main supporter of building for over a century. While this photo of the isolated house in the nature gives a clue about the triumph mentioned above, the sections of the building displays the details and how architecture overcome being without infrastructure utilizing the nature by rainwater collectors, solar panels etc. But nature is not always a collaborator of architecture. What those charming photos or intelligent sections do not show; giant mosquitoes, heavy storms, sizzling sunshine, muddy grounds are there, as well. Designing a contemporary off-grid building in nature, is not only about collecting rainwater or utilizing solar energy or locating the building according to the sun and wind; it is rather about a more direct, unequivocal way of relating with nature.

¿Qué nos sugiere la foto de un hombre caminando solo por un bosque casi virgen hacia su cabaña sencilla y elegante, que se asienta en el suelo integrándose con el entorno? Esta imagen tan recurrente nos transporta a lugares alejados de la gran ciudad y nos recuerda a una escapada a la naturaleza. Esta foto es una buena muestra de cómo la arquitectura es capaz de imponerse incluso sin una infraestructura, que se ha considerado el soporte fundamental de toda construcción durante siglos. Si bien esta foto de una casa aislada en la naturaleza nos ayuda a entender el éxito de este nuevo método, las secciones del edificio muestran los detalles y cómo la arquitectura consigue establecerse sin infraestructura alguna, recurriendo a los colectores de agua de lluvia, los paneles solares, etc. Sin embargo, la naturaleza no siempre acompaña. Esas bonitas fotos y secciones estratégicamente escogidas no muestran otros elementos que también están presentes: grandes mosquitos, fuertes tormentas, un sol abrasador o terrenos embarrados. Diseñar una casa contemporánea sin red y en plena naturaleza no solo consiste en recolectar agua de lluvia, utilizar energía solar o colocar el edificio en función del sol y el viento; en realidad, la idea es conectar directamente con la naturaleza.

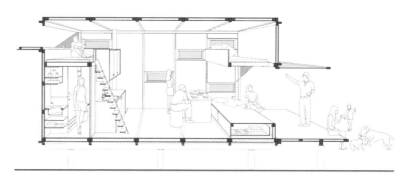

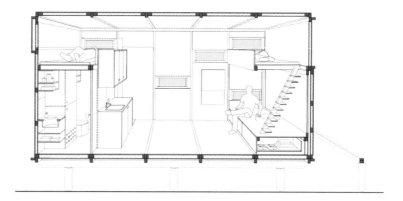

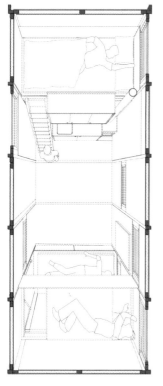

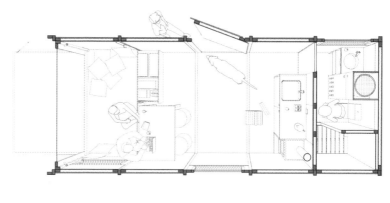

Options

Located in a village on the Turkish-Greek border, Cabin on the Border faces weather conditions that vary dramatically depending on the season. In a warm rainy afternoon, the polycarbonate window becomes a canopy to lay under and watch the sky over the plywood façade that becomes a terrace. On a stormy night, both the window and the façade is shut down, then the cabin -totally made of laminated wood structure with insulation- becomes like a sailboat in the ocean. All this happens manually, since the cabin is off-grid.

Situada en un pueblo de la frontera turco-griega, la "Cabin on the Border" se enfrenta a condiciones meteorológicas que varían drásticamente según la estación. En una cálida tarde de lluvia, la ventana de policarbonato se convierte en un dosel bajo el que uno puede tumbarse sobre la fachada de madera contrachapada, que hace las veces de terraza, y contemplar el cielo. En una noche de tormenta, tanto la ventana como la fachada se cierran para convertir esta cabaña, compuesta de una estructura de madera laminada con aislamiento, en un velero que surca el océano. Y como la cabaña no está conectada a la red, todo lo anterior se hace de forma manual.

MALANGEN RETREAT

Snorre Stinessen
www.snorrestinessen.com

Interior area: 200 m²
Location: Tromsø, Norway
Photos © Siggen Stinessen, Steve King & Terje Arntsen

The clients are a family with small children, and also wanted this place to give room for invitation of the larger family and friends. The conceptual layout was conceived as several individual volumes connected via in-between spaces and a central winter garden, placed on a natural shelf in the terrain. The organisation provides both privacy and room for several activities at the same time. It also reduces energy needed for heating in the cold climate, as various rooms and activities will require different temperatures. Each group of rooms are done as separate volumes to achieve an additional layer of privacy, but also to enhance the room´s contact to the clearing in the forest and the contact to the outdoors in the transition spaces in between. A few steps lead down to the open space kitchen and living room set low in the terrain and overlooking the fiord and the afternoon sun to the west. A dedicated exit from the kitchen lead to the south-facing outdoor area where the family enjoy their dinners on warm summer days. The separation into volumes seek to emphasize the transition between spaces and activities and tell a story of everyday journeys.

Los clientes son una familia con niños pequeños, y además querían que la vivienda pudiera acoger a otros familiares y amigos. El diseño conceptual consistió en varios módulos individuales conectados a través de espacios intermedios y un jardín de invierno central, colocado sobre una plataforma natural en el terreno. Este tipo de distribución ofrece privacidad y, al mismo tiempo, espacio para disfrutar de diversas actividades. También reduce la electricidad que se necesita para calentar la vivienda en épocas de frío, puesto que no todas las salas y actividades requerirán las mismas temperaturas. Cada grupo de habitaciones se crea a partir de unidades separadas no solo para favorecer una mayor privacidad, sino también para lograr que la habitación esté más en contacto con el claro en el bosque y con el exterior a través de los espacios de transición intermedios. Unos escalones conducen a la cocina y sala de estar de espacio abierto, asentadas en la parte baja del terreno, orientadas hacia el fiordo y con sol de tarde hacia el oeste. La cocina cuenta con una salida especialmente diseñada hacia la zona exterior orientada al sur, donde la familia puede cenar al aire libre en los cálidos días de verano. La separación en volúmenes busca subrayar la transición entre espacios y actividades y explicar una historia de viajes cotidianos.

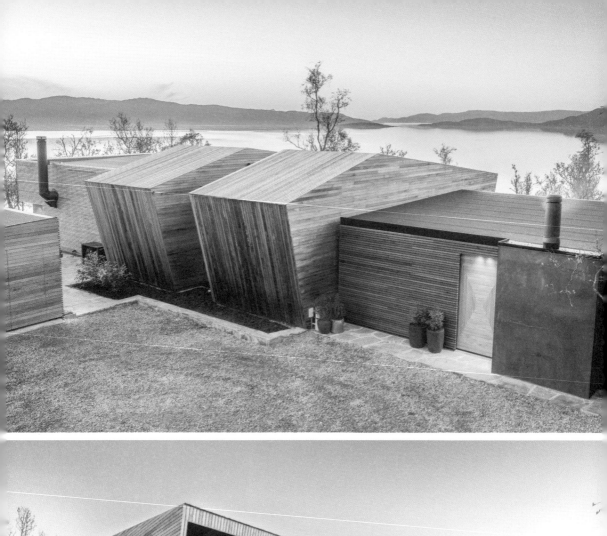

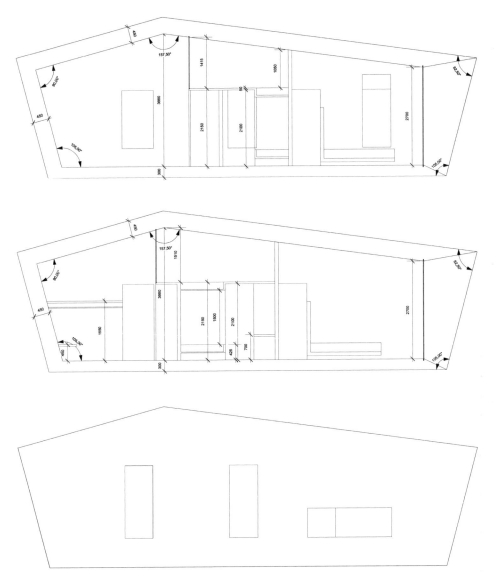

Elevations

The volumes are all made in wood with the exterior cladding (both indoors and outdoors) in cedar panel which was treated with iron sulfate and kept outside for months before assembly to achieve an even patina regardless of being outdoors or indoors. The interior surfaces are mainly in knot free oak to achieve a warmer contrast to the outside of the volumes. The wooden volumes are all slightly elevated in relation to the in-between spaces.

Todos los módulos están hechos de madera, con un revestimiento exterior de paneles de roble tratado con sulfato de hierro, que se mantiene fuera durante meses antes del montaje de la vivienda para conseguir que la pátina quede uniforme (tanto al aire libre como en interior). Las superficies interiores se componen mayoritariamente de roble sin nudos para lograr un contraste más cálido con el exterior de los módulos. Todos los módulos de madera se elevan ligeramente respecto a los espacios intermedios.

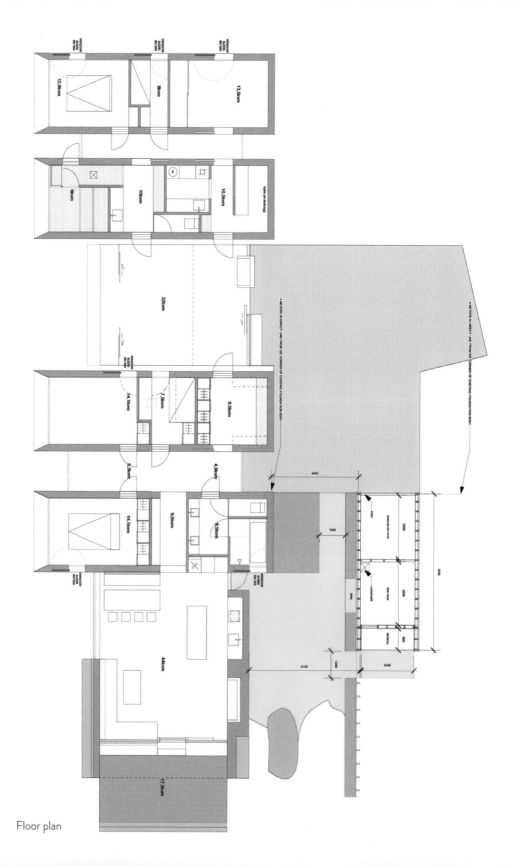

Floor plan

CABIN FEMUNDEN

Aslak Haanshuus Arkitekter AS
www.ahaa.no

Interior area: 85 m²
Location: Femunden, Norway
Photos © Tom Gustavsen
Aerial photo © Frontal Media AS

Contractor: Martin Røsand and Kasper Ødegaard
Furnishings: Stein Haanshuus and Niels Noer
Main materials: Local timber of pine, doors and windows from Velfac

The project is located on the shores of the lake Femunden, half an hour's drive south of the World Heritage Site mining town Røros. The site lies right on the edge of Femundsmarka National Park, which is part of the largest continuous wilderness areas in Southern Scandinavia.

Originally there were two small log cabins located on the site, and the owner wanted to incorporate these in the new project. Both log cabins were approximately 15 m², the oldest being over a hundred years old, and the newer a copy of the older.

The project consists of the two old volumes, and a new addition. The new volume is connected to the old buildings through the use of the same traditional construction method, and using timber of the same dimensions. The three volumes are connected by the enlongated roof, professing that they all belong together in the new entity.

All the volumes of the building are lifted off of the ground, onto a cantilevering deck constructon about 50 cm above the terrain, giving the impression that the building floats above the vegetation.

Este proyecto se encuentra a orillas del lago Femunden, a media hora en coche al sur de la ciudad Røros, declarada Patrimonio de la Humanidad por sus antiguas minas. El sitio se encuentra justo en la parte limítrofe del Parque Nacional Femundsmarka, que forma parte de una de las áreas silvestres más extensas del sur de Escandinavia.

Originalmente, en el lugar había dos pequeñas cabañas de madera que el propietario quiso incorporarlas en el nuevo proyecto. Ambas cabañas miden aproximadamente 15 m²; la más antigua tiene más de cien años y la más reciente es una copia de la anterior.

El proyecto se componen de dos módulos ya existentes y uno nuevo. El nuevo volumen se conecta a los antiguos con el mismo método tradicional de construcción y utiliza madera con las mismas dimensiones. Los tres volúmenes están conectados a través del techo alargado, gracias al cual todos se integran para formar la nueva construcción. Todos los volúmenes del edificio se elevan del suelo sobre una construcción de plataforma voladiza elevada 50 cm sobre el terreno, dando la impresión de que el edificio flota sobre la vegetación.

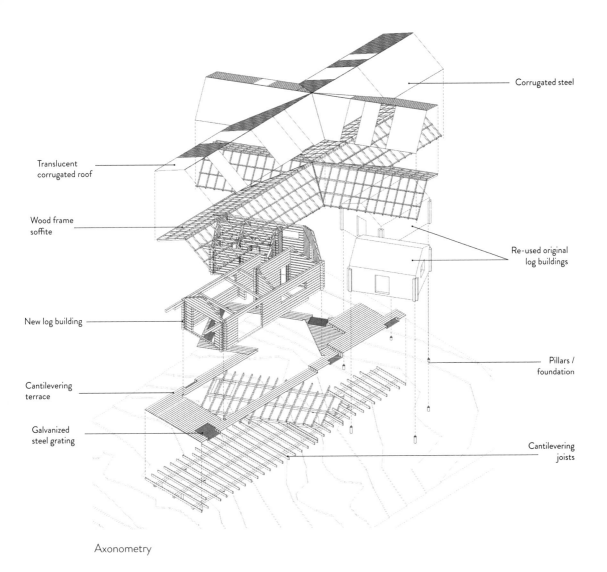

Corrugated steel

Translucent
corrugated roof

Wood frame
soffite

Re-used original
log buildings

New log building

Pillars /
foundation

Cantilevering
terrace

Galvanized
steel grating

Cantilevering
joists

Axonometry

The roofing consists of a combination of regular corrugated steel, and translucent corrugated roofing panels in the same dimension. The translucent roofing panels are placed between the indoor volumes, to give downlight to the covered outdoor areas. They are used in correlation to the doors and windows as well, minimizing loss of indoor lighting due to shadows cast by the overhanging eaves.

El techo es una combinación de acero corrugado estándar y paneles de cubierta corrugados translúcidos que sigue la misma dirección. Los paneles de cubierta translúcidos se sitúan entre los módulos interiores para iluminar las zonas exteriores cubiertas. También se utilizan en correlación con las puertas y ventanas para reducir al mínimo la pérdida de iluminación interior debida a las sombras proyectadas por los aleros colgantes.

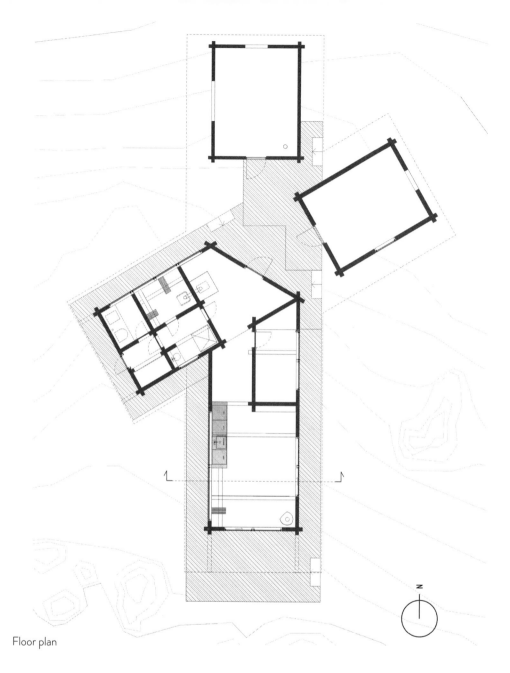

Floor plan

The living area, with a fireplace and the kitchen area, is located in the main wing, streching directly southward, along with a bedroom. The living area opens out to a seemingly endless view across the Femunden lake and towards the distant mountains. The furniture is mainly built in, and low, portruding log joints and parts of the wall are used for anchoring and holding for instance the kitchen counter, beds and shelves.

La sala de estar, que cuenta con chimenea y cocina, se encuentra en el ala principal y se abre paso directamente hacia el sur, junto con un dormitorio. La sala de estar ofrece una magnífica vista al lago Femunden y hacia las montañas que se vislumbran en la lejanía. Casi todo el mobiliario está empotrado y, en la parte baja, unas juntas de madera salientes y partes del muro se utilizan para anclar y sostener, entre otros elementos, el mostrador de la cocina, las camas y los estantes.

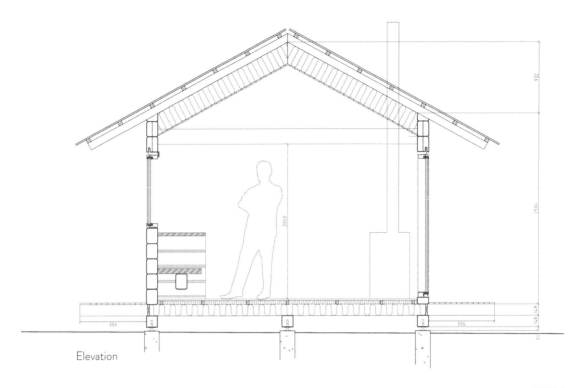

Elevation

The two original log cabins are now used as a guest room and a storage room, while the new log addition contains the main cabin with all it's functions. This new log volume consists of two wings, connected by a generous entrance that you can access directly from the covered court. In the wing towards the west, you find a row of small rooms: Bathroom, sauna, toilet and a technical room.

Las dos cabañas de madera originales se utilizan ahora como habitación de invitados y despensa, mientras que el nuevo módulo añadido contiene la cabaña principal con todas sus funciones. El nuevo módulo de madera tiene dos alas conectadas a través de una amplia entrada a la que se puede acceder de forma directa desde el patio cubierto. En el ala orientada al oeste, encontramos una hilera de habitaciones pequeñas: baño, sauna, aseo y una sala técnica.

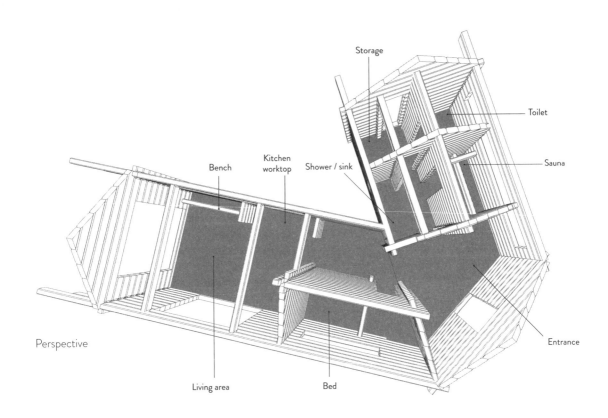

Storage

Toilet

Kitchen
worktop

Bench

Shower / sink

Sauna

Perspective

Entrance

Living area

Bed

TRAILER (EQUIVALENT #2)

Invisible Studio
www.invisiblestudio.org

Interior area: 36 m²
Location: Bath, United Kingdom
Photos © Jim Stephenson

A self built prototype relocatable £20K house, constructed from materials sourced from construction waste and locally grown unseasoned timber. This building is designed to be able to be legally transported on a public highway and used as permanent or temporary accommodation. It has a removable wheeled 'bogey' that slides out from under the steel chassis when not being moved. The trailer was driven to site, the bogey removed, and then the bogey used to transport all of the timber frames (which were prefabricated in a workshop) to site.

Externally, the Trailer is clad in corrugated fibreglass and steel, and internally lined in used but cleaned shuttering ply. All of the joinery is from plywood offcuts, including the 2 staircases. Handrails are made from offcuts of blue rope, left over from Studio in the Woods. High levels of natural light are provided by both gable ends which are 'glazed' with high performance interlocking polycarbonate. The building is insulated with scavenged insulation, the doors were sourced from a skip, and the roof lights were 'damaged' and thus trade 'seconds'.

Un prototipo reubicable y autoconstruido de 20000£, elaborado con materiales procedentes de escombros de construcción y madera verde local. Esta cabaña está diseñada para poder transportarse legalmente por carretera estatal y utilizarse como alojamiento permanente o temporal. La vivienda incorpora un "remolque" extraíble con ruedas que se retira de debajo del marco de acero cuando la casa no está en movimiento. Se remolcó la base de la estructura hasta el lugar, se retiró el remolque, y luego éste se utilizó para transportar hasta allí todos los marcos de madera previamente fabricados en un taller.

En su parte exterior, la casa está revestida con fibra de vidrio corrugado y acero, y la parte interior va forrada con capas de encofrado reutilizadas y limpias. La carpintería, incluidas las dos escaleras, está hecha de fragmentos de madera contrachapada. En las barandillas se han aprovechado los sobrantes de la cuerda azul utilizada en Studio in the Woods, otra obra de los mismos arquitectos. Los glabetes del hastial, acristalados con policarbonato de alto rendimiento, bañan de luz natural el interior. La construcción está protegida con aislante residual, las puertas son originarias de un contenedor y los tragaluces, que estaban "dañados", se cambiaron en segundos.

The timber used is all 'same section' 125 x 50mm that made the milling much more economical, and is laminated up into structural sections for the cross frames as required. It is the first 'same section' building we have completed (the first being Ghost Barn (Equivalent #1). This method of using timber also ties in with the forest management plan for the effective use of timber in the woodland that Invisible Studio manage as a resource around their studio, and from which our own Studio (Visible Studio) was also built.

Una única sección de madera de 125 x 50 mm hace que el fresado sea mucho más económico; está laminada en secciones estructurales para los marcos transversales, según sea necesario. Es el primer edificio de "una misma sección" que hemos llevado a término. El primero en el que se comenzó con este método es Ghost Barn (Equivalent #1). Esta forma de utilizar madera también hace referencia al plan de gestión forestal para el uso eficaz de la madera en el bosque que Invisible Studio utiliza como recurso para sus obras, y a partir del cual también se construyó el propio Studio de la firma (Visible Studio).

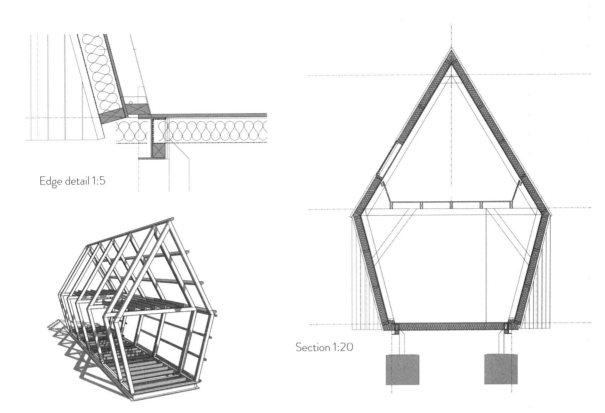

Edge detail 1:5

Section 1:20

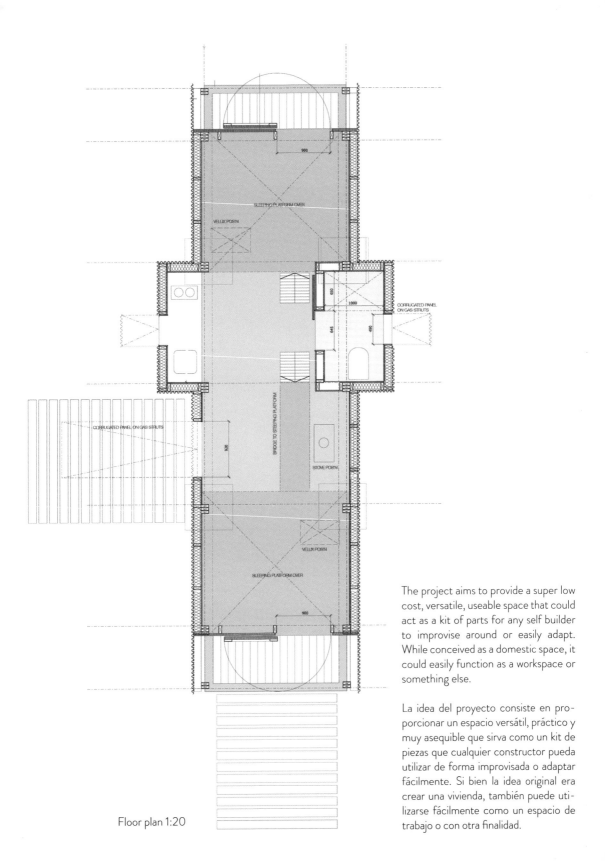

The project aims to provide a super low cost, versatile, useable space that could act as a kit of parts for any self builder to improvise around or easily adapt. While conceived as a domestic space, it could easily function as a workspace or something else.

La idea del proyecto consiste en proporcionar un espacio versátil, práctico y muy asequible que sirva como un kit de piezas que cualquier constructor pueda utilizar de forma improvisada o adaptar fácilmente. Si bien la idea original era crear una vivienda, también puede utilizarse fácilmente como un espacio de trabajo o con otra finalidad.

Floor plan 1:20

SLOW CABINS ®

Slow Cabins
www.slowcabins.com

Designed by: Xavier Leclair, Ellen Mermans, Wannes Wylin, Michiel De Backer, Martin Mikovčák
Drawing © Martin Mikovčák
Interior area: 39 m²
Location: Various locations in Europe
Photos © Jonas Verhulst

Slow Cabins offers a hand-picked selection of unique mobile self-sufficient cabins to be placed at secret locations in nature close to 'home'. Both couples and families can book a cabin. As well as companies that want to organize inspiring meetings in nature. This is possible through an innovative and multifunctional system enabling a sleeping area to turn into an inspiring meeting room. The cabins can be rented, and leased or purchased through the Slow Cabins franchising network.

The cabins are manufactured from 100% wood with only qualitative and durable materials. The design is also created with as many locally produced and/or circularly designed innovations, such as smart battery systems, solar panels or dry toilets. Even the interior and accessories are upcycled from organic waste to new qualitative products like biodegradable soaps or lighting.

The cabins are fully self-sufficient, with no network connections for water, electricity or sanitary. For Slow Cabins 'off the grid' living is no romantic dream, but pure reality.

Slow Cabins ofrece una selecta variedad de cabañas móviles autosuficientes únicas para colocar en lugares secretos en la naturaleza cerca de "casa". Tanto las parejas como las familias pueden reservar una cabaña, así como las empresas que deseen organizar reuniones inspiradoras en la naturaleza. Ahora, esto es posible gracias a un sistema innovador y multifuncional que permite transformar la zona de dormitorio en una agradable sala de reuniones. Las cabañas se pueden arrendar, alquilar o comprar a través de la red de franquicias de Slow Cabins. Estas construcciones están fabricadas 100% con madera y materiales únicos y duraderos. El diseño también se inspira en las innovaciones de ámbito local o de economía circular, como los sistemas de baterías inteligentes, paneles solares o los sanitarios secos. Incluso el interior y los accesorios se reciclan desde residuos orgánicos hasta nuevos productos de calidad, como los jabones biodegradables o la iluminación.

Las cabañas son completamente autosuficientes, sin conexión a la red de agua, eléctrica o sanitaria. Para Slow Cabins vivir "sin conexión" no es un sueño romántico, sino la pura realidad.

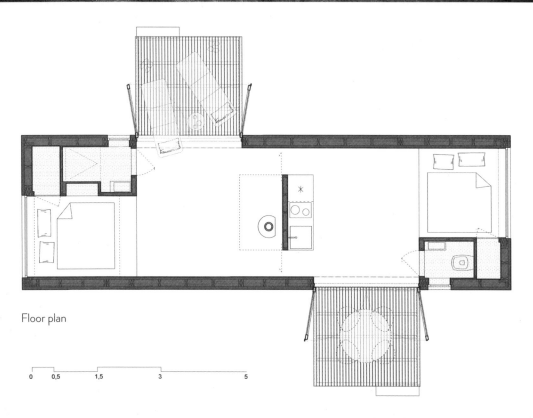

Floor plan

```
0    0,5    1,5      3              5
```

The cabins are compact, mobile and modular with attention to light, warmth and simplicity. The model has fully-glazed windows specially designed for optimal relaxation, intimacy and attention to each other, as well as contact with the natural environment. Slow Cabins intends to open new locations and models around Europe in the coming years.

Las cabañas son compactas, móviles y modulares; cuidando la luz, el carácter acogedor y la sencillez. Este modelo cuenta con ventanas totalmente acristaladas diseñadas especialmente para la relajación óptima, y para que los ocupantes disfruten de los suyos en la más absoluta privacidad y en contacto con la naturaleza. Slow Cabins tiene la intención de instalar modelos en distintas ubicaciones por toda Europa en los próximos años.